ENSAIOS DE HISTÓRIA DO RIO GRANDE DO SUL

MARCELO FRANÇA DE OLIVEIRA

ENSAIOS DE HISTÓRIA DO RIO GRANDE DO SUL

1ª edição

Pluscom Editora

Rio Grande
2010

Dados internacionais de Catalogação na Publicação (CIP)

E596   Ensaios de História do Rio Grande do Sul / Marcelo França de
          Oliveira. Rio Grande: Pluscom, 2010.

          110 p.
          Bibliografia
          ISBN 978-85-62983-11-5

          1. História do Rio Grande do Sul.
          I. Oliveira, Marcelo França de.

CDU:94(81)   CDD-981

PLUSCOM EDITORA
UM SELO DE EDITORA CASALETRAS
Rua Gen. Lima e Silva, 881/304- C. Baixa
90050-103 –Porto Alegre - RS - Brasil
+55 51 30131407– contato@casaletras.com
www.casaletras.com

DE QUE RIO GRANDE DO SUL ESTAMOS FALANDO?

Para falarmos da história do Rio Grande do Sul precisamos, antes de tudo, definir uma questão primordial: sobre qual Rio Grande do Sul estamos falando?

Durante boa parte do século XX e o princípio do XXI, aconteceram debates no campo historiográfico sobre onde teve início o atual estado do Rio Grande do Sul, se nas Missões Jesuíticas, se através dos caminhos e paradas dos tropeiros que cruzavam seu território em direção ao centro brasileiro ou se foi a partir da fundação do presídio Jesus-Maria-José. Para efeito conceitual, e para podermos delimitar claramente nosso objeto, consideramos como o Rio Grande do Sul aquele que teve início no projeto luso-brasileiro de ocupação e colonização, fixado a partir da chegada da missão comandada pelo brigadeiro José da Silva Paes em 1737, tomando posse e controle da estratégica barra do Rio Grande e fundando ali o presídio que daria origem à povoação do Rio Grande de São Pedro.

Devemos salientar, contudo, que o recorte proposto visa unicamente estabelecer limites temporais. É claro que não devemos desprezar os episódios do tropeirismo ou o sistema missioneiro, por exemplo. Não ignoramos que, para se compreender o atual Rio Grande do Sul, obrigatoriamente temos que voltar nossos olhos para Laguna, Sacramento, as missões jesuítico-guaranis e o contexto platino, afinal, é da interação destes fatores todos que surgiu o atual estado. Pretendemos fazer uma história regional de um espaço de ocupação que foi se transformando ao longo do tempo, ora aumentando, ora diminuindo. Não vamos nos ater a uma história essencialmente territorial, afinal a terra não tem história, quem tem história são os homens.

A fundação do presídio Jesus-Maria-José significou uma nova etapa no projeto de expansão colonial portuguesa em direção ao sul. Essa pequena e longínqua possessão encravada em terras hispânicas serviu inicialmente de entreposto estratégico e defensivo de apoio à Colônia do Santíssimo Sacramento, fruto do desejo bragantino de controle das duas maiores e mais rentáveis bacias hidrográficas da América do Sul: a Amazônica, ao norte, e a do Prata, ao sul. Fracassados os planos da Colônia do Sacramento e o controle da bacia platina, o Rio Grande de São Pedro se tornaria a fronteira mais meridional e ponto de contato e tensão com os vizinhos hispano-americanos, região de seguidas disputas e guerras. Tais características marcariam para sempre o modo de ser e viver das populações aqui instaladas. Com o tempo, o primitivo povoado espraiou-se transformando-se em capitania, província e finalmente estado, dando origem a uma história rica e bastante peculiar, a qual tentaremos abordar neste livro, uma pequeníssima parte.

O autor

A GÊNESE DO RIO GRANDE: VISÕES SOBRE OS PROCESSOS DE OCUPAÇÃO E LEGITIMAÇÃO TERRITORIAL

Sobre a formação do atual estado do Rio Grande do Sul, escolhemos dois estudos que abordam, em seu conteúdo, aspectos distintos na historiografia sul-rio-grandense e que são a base do estudo de caso deste ensaio. Primeiro, o capítulo assinado por Miguel do Espírito Santo para o volume 1 da coleção História Geral do Rio Grande do Sul, intitulado "Fundamentos da incorporação do Rio Grande do Sul ao Brasil e ao espaço português"[1] e Sandra Pesavento, em seu clássico estudo "História do Rio Grande do Sul"[2] Apesar de – ou até mesmo pelo fato de – serem distintas, ambos complementam-se na explicação dos eventos e processos formadores da ocupação e afirmação luso-brasileira naquelas terras do sul.

Miguel do Espírito Santo traz uma abordagem externa, conjuntural, sobre os fundamentos da incorporação do Rio Grande do Sul ao Brasil e ao espaço português. Para o autor,

---

[1] ESPÍRITO SANTO, Miguel Frederico do. Fundamentos da incorporação do Rio Grande do Sul ao Brasil e ao espaço português. In BOEIRA, Nelson; GOLIN, Tau. *História Geral do Rio Grande do Sul:* Colônia. Passo Fundo: Méritos, 2006, vol. 1. pp 23-41

[2] PESAVENTO, Sandra. História do Rio Grande do Sul. Porto Alegre: Mercado Aberto, 1992, pp. 7-25

tanto a expansão lusa quanto à tentativa de legitimação da posse deste território expandido são passíveis de explicação através das mudanças do pensamento vigente na Europa de então, quando se substituía uma influência majoritariamente religiosa por uma lógica racional, secular. O autor simplifica a fundação da Colônia do Santíssimo Sacramento, por exemplo, à interpretação portuguesa do limite traçado em Tordesilhas e no marco do direito natural de raiz católica, ou seja, a partir da "concessão divina operada pela intermediação papal"

No momento em que as ideias iluministas, seculares, vão tomando o lugar das tradições de natureza religiosa cristã na Europa central e ocidental, ocorre um realinhamento nas justificativas de posse das terras do extremo sul, sem contudo significar uma abdicação de tais pretensões, muito pelo contrário. Conforme o autor, emancipa-se a prestação jurisdicional da tutela teológica e religiosa e descomprometem-se os soberanos cristãos da vassalagem papal. Em seu lugar, o princípio do equilíbrio entre as potências, adotando a prática da mediação de uma nação às disputas de outras, estabelece a nova ordem de legitimação das decisões que antes precisavam do veredicto papal.

Miguel do Espírito Santo apresenta como estas ideias influenciaram os diversos tratados apresentados ao longo do texto, e como cada um é representação do momento em que foram acordados. O melhor exemplo é o Tratado de Utrecht, em que portugueses e espanhóis estabeleceram obedecer ao conceito de ocupação efetiva do território, rejeitando as formas "tradicionais" de aquisição (colocação de marco, cruz, bulas pontifícias, etc) e também as demarcações por linhas astronômicas, fontes de diversas contestações em decorrência das imprecisões oriundas deste método. Justifica o autor que a abertura de Portugal para estas novas ideias deu-se sobretudo em razão das dificuldades de implementação de suas políticas expansionistas, ou seja, o país utilizara-se dos novos conceitos como forma de legitimar suas pretensões territoriais, e desta forma soube valorizar estes novos conceitos de soberania e dos direitos naturais de liberdade e propriedade na condução de sua política de expansão ultramarina, em especial no que diz respeito às terras do Rio Grande do Sul.

Sandra Pesavento, de sua parte, apresenta sua explicação do processo de conquista e colonização do território sul-rio-grandense sob a ótica do Materialismo Histórico. Em decorrência disto, esta explicação se dá majoritariamente sob o aspecto econômico da ocupação, em um primeiro momento, para em seguida abordar o aspecto político-militar do processo.

No aspecto econômico, justificava-se o interesse e a posse das terras do sul principalmente pelo apresamento do gado chimarrão, encontrado em grande número em virtude da reprodução decorrida pelo abandono jesuítico-guarani, que era acuado em função dos embates com os bandeirantes paulistas que por sua vez atiravam-se em expedições sulistas para o apresamento dos indígenas como escravos para o centro minerador do Brasil. Além disso, com a fundação da Colônia do Sacramento, o lucrativo negócio do contrabando era explorado pelos portugueses e seus sócios/ aliados ingleses, e a ocupação desta área favoreceria a manutenção deste entreposto ilícito. Salienta a autora ainda que, outro fator de destaque para a intensificação dos avanços sulistas pelos portugueses deu-se também pelas perdas do império português tanto no Oriente quanto na África para ingleses e holandeses e, para compensar tais perdas, resolveu a coroa lusa voltar-se para áreas não exploradas, do extremo sul em direção ao Rio da Prata.

Nesta expansão, Pesavento descreve os elementos constitutivos deste espaço, como os Sete Povos das Missões e sua caracterização político-econômica, como zona auto-suficiente em relação tanto a Portugal quanto a Espanha, como seu desenvolvimento econômico baseado na pecuária e produção de erva-mate.

Como descrição do tipo de papel econômico desempenhado pelo Rio Grande do Sul em sua gênese, a autora situa-o como "economia subsidiária" ou seja, de fornecedora de produtos para o mercado interno criado na região central do Brasil, sobretudo as Minas Gerais, com o advento da mineração, e na forma de abastecimento de mulas que seriam usadas nesta atividade econômica. Mesmo com a decadência da mineração, o Rio Grande do Sul não sofreria grandes conseqüências em sua economia, em virtude da transformação de sua produção, a saber, com o trigo e o charque. Ainda que não descaracterizasse uma ruptura com o modelo de economia subsidiária, estes novos produtos representaram uma continuação no desenvolvimento econômico da região.

Com relação aos Tratados entre Portugal e Espanha, a autora não dá outro tratamento a eles que não o factual, episódico, evitando incluí-los em relação às possíveis influências das conjunturas externas ou internas daquele momento, como fez Miguel do Espírito Santo.

Complementares apesar de diferentes, os textos apresentam visões internas (Pesavento) e externas (Espírito Santo) dos processos que deram origem ao Rio Grande do Sul. Seja pelas ideias que deram origem aos diversos Tratados (Espírito Santo) como pelas dinâmicas e movimentos econômicos, políticos, sociais e militares (Pesavento) que por sua vez causaram aqueles Tratados, é na justaposição destas duas abordagens que melhor se caminha no entendimento dos processos da origem do Rio Grande do Sul.

BIBLIOGRAFIA:

ESPÍRITO SANTO, Miguel Frederico do. Fundamentos da incorporação do Rio Grande do Sul ao Brasil e ao espaço português. In BOEIRA, Nelson; GOLIN, Tau. **História Geral do Rio Grande do Sul:** Colônia. Passo Fundo: Méritos, 2006, vol. 1.

PESAVENTO, Sandra. **História do Rio Grande do Sul.** Porto Alegre: Mercado Aberto, 1992

O REGIMENTO DOS DRAGÕES, OS FUNDAMENTOS POLÍTICOADMINISTRATIVOS E AS CONDIÇÕES SÓCIO-ECONÔMICAS DA POPULAÇÃO NA CONQUISTA DAS TERRAS DO EXTREMO-SUL BRASILEIRO

Os Dragões formavam um regimento militar que chegou ao Rio Grande juntamente com a expedição oficial de José da Silva Paes, em 1737. Esse regimento era composto por 41 dragões egressos de Minas Gerais[3], e consistiam em tropas especiais que atuavam como cavalaria ou infantaria e serviam tanto para defesa quanto para ataque. O regimento tinha por objetivo garantir, via presença e apoio bélico, não apenas a ocupação, mas a colonização do território ao sul de Laguna, em direção ao estuário do Prata.

Inicialmente, sua organização previa atuação na Colônia do Sacramento[4], o que se tornou impraticável naquele momento em virtude

---

[3] MAGALHÃES, Mário Osorio. *História do Rio Grande do Sul* (16261930). Pelotas: Armazém Literário, 2002, p. 29.
[4] ALVES, Francisco das Neves. Os dragões no Rio Grande do Sul. In _____ *O mito do dragão gaúcho*. Rio Grande: Fundação Universidade Federal do Rio Grande, 2004, p. 13.

do bloqueio espanhol à possessão portuguesa.[5] Em face disso, os dragões foram deslocados para Rio Grande[6] e, posteriormente, a corporação recebeu o acréscimo de novos contingentes, estabelecendo-se em definitivo no povoado como regimento próprio.

A presença desta corporação e suas experiências naquelas terras sul-brasileiras passaram a refletir não só as condições militares, mas também econômicas e sociais dos primórdios da ocupação/colonização do Rio Grande de São Pedro. Afinal, falamos de um tempo em que a determinação portuguesa em fincar uma base efetiva de ocupação econômico-militar se sobrepunha às precárias condições de sobrevivência em uma região de constantes intempéries, acesso dificultoso, necessidade de abastecimento externo (que nem sempre chegava), e onde faltavam remédios, tecidos, cal, tijolos, pregos, ferro, telhas, madeiras, pedras e toda sorte de materiais para a fundação de uma mínima infra-estrutura. Faltavam igualmente igrejas, distrações e até mesmo mulheres, nas palavras de Guilhermino César.[7] Pois foi neste cenário de

[5] MAGALHÃES, op. cit. p. 28.

[6] ALVES, op cit. p. 13.

[7] CESAR, Guilhermino. Ocupação e diferenciação do espaço. In DACANAL, I.H. & GONZAGA, S. (orgs.) *RS: economia & política.*

extrema precariedade e privações gerais que, em 5 de janeiro de 1742, ocorreu o movimento conhecido como Revolta dos Dragões.

Há um documento desta época, chamado *Registro de Representações que fez o Corpo de Dragões ao governador Diogo Osório Cardoso,*[8] redigido pelos rebeldes na ocasião da revolta, em que podemos analisar diferentes aspectos político-administrativos e as condições sócio-econômicas das populações que habitavam o Rio Grande de São Pedro naquele período. O documento em questão traz, para além das queixas e pedidos de um segmento específico da população – o militar – todas as privações e realidades vividas pelo conjunto da população daquelas terras, vinculadas direta ou indiretamente aos revoltosos.[9]

No documento, os rebeldes apressam-se em reiterar sua obediência à Coroa e as autoridades a seu mando, para em seguida denunciar as agruras, privações e castigos a que eram submetidos pela comandância. Falam de aspectos internos à corporação e concernentes à

Porto Alegre: Mercado Aberto, 1979, p. 11 apud ALVES, op. cit. pp. 13-14.

[8] QUEIROZ, Maria Luiza Bertuline. A vida do Rio Grande de São Pedro: Ed. da FURG, 1987. P. 169-171 apud ALVES, op. cit. pp. 1517.

[9] ALVES, op. cit. p. 21.

atividade militar, num primeiro momento, como os rigorosos castigos, os enclausuramentos infligidos pelos oficiais que não permitem saída alguma dos soldados, nem tampouco possuírem cavalos e arreios seus, e também não admitindo ou tolerando queixas contra o determinado ao regimento.

Outras queixas, porém, vão além dos limites militares, pois são sintomas da realidade que afeta a população das terras deste extremo-sul brasileiro como um todo, tais como a falta de víveres, principalmente farinhas (e por consequência, o pão), a miserabilidade em que se encontravam, fruto do atraso no pagamento do soldo em mais de 20 meses devidos, além das fardas em três anos atrasadas, o que era reflexo da calamitosa situação da Fazenda local. Também denunciam o tratamento aos doentes do hospital local, rogando ao comandante que "se lhes assista com mais caridade" e pedindo que não mais se desviem os mantimentos cedidos para a instituição, acusando prática então comum pelo oficialato, segundo o documento.

Entre estas e outras queixas descritas na representação que dizem respeito à forma rígida de controle de montaria e mobilidade dos soldados, da disciplina severa e das terríveis penalidades e repressões frente ao menor indício de deserção da soldadesca, além da não-liberação da volta dos soldados à suas praças de origem mesmo quando chegavam outros para substituí-los, em seu conjunto denunciam a extrema necessidade das autoridades portuguesas de braços armados para garantirem a posse, defesa e colonização do local. Foi por isso, aliás, que não se pôde punir como eventualmente se puniriam revoltas desta natureza, afinal, a coroa estava absolutamente refém do regimento, e temiam um abandono maior em um eventual confronto ou massacre. Por isso, o caminho encontrado foi do perdão aos revoltosos e atendimento às suas reivindicações, em 3 de abril de 1742 e formalizado através do documento *Registro da ratificação do perdão ao Corpo de Dragões*[10], em que as autoridades apenas não abriam mão do controle de seus subordinados, ainda sob o medo das deserções.

Os Dragões permaneceriam em terras do Rio Grande até os anos de 1750, quando seguiriam para Rio Pardo em decorrência da nova ordem advinda do Tratado de Madri e a consequente Guerra Guaranítica, tendo participação decisiva no processo de ampliação e integração das fronteiras sul-rio-grandenses.[11]

---

[10] QUEIROZ op. cit. pp. 172-174 apud NEVES, op. cit. pp. 19-20.
[11] ALVES, op. cit. p. 21.

BIBLIOGRAFIA

MAGALHÃES, Mário Osorio. História do Rio Grande do Sul (1626-1930). Pelotas: Armazém Literário, 2002

ALVES, Francisco das Neves. **O mito do dragão gaúcho**. Rio Grande: Fundação Universidade Federal do Rio Grande, 2004

CESAR, Guilhermino. Ocupação e diferenciação do espaço. In DACANAL, I.H. & GONZAGA, S. (orgs.) **RS**: economia & política. Porto Alegre: Mercado Aberto, 1979

QUEIROZ, Maria Luiza Bertuline. **A vida do Rio Grande de São Pedro.** Rio Grande: Ed. da FURG, 1987

CONSIDERAÇÕES SOBRE A CONSTRUÇÃO HISTORIOGRÁFICA NA MITIFICAÇÃO DO DRAGÃO GAÚCHO.

A Revolta dos Dragões foi um movimento de caráter social, político e militar ocorrido nos primórdios da ocupação oficial das terras sul-riograndenses, no ano de 1742. Foi motivada principalmente pelas péssimas condições de subsistência dos primeiros habitantes, dos quais faziam parte o Regimento dos Dragões, responsáveis pelo sublevamento. Entre as queixas dos revoltosos estavam a falta de víveres e itens de infra-estrutura, rígido controle disciplinar e de movimentação, promessas não-cumpridas de substituição dos militares aqui sediados por outros, etc. Apesar de empresada pela guarnição militar, a revolta refletiu sobremodo o ambiente social deste espaço sulino à época, mas o que a historiografia oficial destacou, contudo, foi apenas o aspecto militar do episódio, isso quando a rebelião foi mencionada. Por trás deste discurso por vezes selecionado, por vezes silenciado, estava sendo construído um discurso de mitificação da figura do Dragão gaúcho, símbolo de virtudes, abnegação, patriotismo, enfim, o verdadeiro herói fundador da "civilização rio-grandense".[12]

O projeto da historiografia oficial (oficial porque seus construtores estavam ligados, direta ou indiretamente, ao estado castilhista-borgista, então no controle do estado) estava empenhado em minimizar o episódio do ponto de vista da revolta e destacar a bravura, o espírito defensor das fronteiras e as virtudes do regimento, afinal visava um duplo propósito: de um lado, dar ao Rio Grande do Sul seu mito fundador, e era desejável que ele fosse altivo e motivo de orgulho, ao mesmo tempo em que fosse amenizada a imagem de um estado visto com certa desconfiança pelo restante do Brasil, em virtude das várias revoluções que aqui tiveram palco, sobretudo em épocas-chave das formações da nação, como a Farroupilha (então nos primórdios do Brasil como Estado-Nação) e da Revolução do 8 de Novembro e Federalista (no recém implantado Estado Republicano).

Este discurso, que também se verificou no enaltecimento da Revolução Farroupilha, fazia parte do projeto de mostrar ao resto do país, (através da atuação dos intelectuais do princípio do século XX, sobretudo os historiadores) que o Rio Grande do Sul era o mais brasileiro dos estados, e teve sua gênese pela atuação do Dragão

---

[12] ALVES, Francisco das Neves. O mito do dragão gaúcho. Rio Grande: Fundação Universidade Federal do Rio Grande, 2004, pp. 101-109.

que foi "um símbolo admirável", o "primeiro soldado rio-grandense", mas que, acima de tudo, era "patriota". Cabe lembrar que, em 1742, ano da Revolta, não se pode falar em um Estado Nacional Brasileiro, sequer uma nacionalidade brasileira. A presença lusa colonialista, mesmo que incorporada a elementos nativos do país ainda não havia permitido uma estrutura político-social que pudesse ser considerada como total e genuinamente brasileira.

Autores como Fernando Luiz Osório, Aurélio Porto, João Borges Fortes, Walter Spalding, De Paranhos Antunes e seus sucessores foram os grandes artífices deste discurso que exaltava o altruísmo patriótico-integracionista, destacando o caráter triplo dos Dragões (soldado, pastor e agricultor), ou seja, verdadeiras "almas eleitas", "heróis", depositários das mais grandiosas honras e tradições gaúchas, incluindo em suas narrativas detalhadas descrições físicas (sempre elogiosas) e até mesmo de sua indumentária, com riqueza de detalhes e, muitas vezes, com ares de estilo poético.

Em comum, estes autores ou silenciaram sobre a Revolta ou, quando a mencionavam, a dimensionavam como algo menor, que não arranharia de modo algum a "honra militar", ao contrário: restringira-se a uma "sublevação de guarnição", sem agitação social e devidamente aplacada pela ação dos governantes, que teriam sido "magnânimos" com os revoltosos e souberam perdoar aquele "criminoso excesso".

Em síntese, o castilhismo-borgismo de inspiração Positivista, em um momento pré e pós Revolução de 1930, engendrava um discurso que destacasse os valores do gaúcho como nobre, patriótico, um povo capaz de levar adiante um projeto de liderança do país, ao mesmo tempo que aproximasse este estado do resto da nação, tornando-o como "o mais brasileiro" dos estados, não-separatista e herdeiro dos ideários míticos herdados daquelas primeiras sentinelas do sul. É preciso destacar, porém, que não se pode separar esta produção historiográfica, menos ainda seus produtores, do contexto sócio-político-cultural em que viviam. Política e história, nesta época, estavam intimamente ligadas uma à outra, de modo que os discursos e construções históricas empreendidas serviam para explicar e legitimar a atuação política. Também o mundo vivia uma época que se fortalecia o sentimento nacionalista, que viria a desembocar nos regimes autoritários do pré-guerra, então a figura do herói, do grande líder, era mais do que desejada, era necessária.

Neste cenário, a figura do Dragão gaúcho estabelecido e legitimado através da rede discursiva dos primeiros historiadores (cujo ofício seria consolidado através do Instituto Histórico e Geográfico do Rio Grande do Sul) acabou por dar origem ao mito que povoa o imaginário e persiste até hoje fora da Academia.

BIBLIOGRAFIA

ALVES, Francisco das Neves. **O mito do dragão gaúcho.** Rio Grande: Fundação Universidade Federal do Rio Grande, 2004.

GUTFREIND, Ieda. **Historiografia rio-grandense.** Porto Alegre: Ed. Universidade/UFRGS, 1992.

REVOLUÇÃO FARROUPILHA: LEGITIMAÇÃO DO MOVIMENTO REVOLUCIONÁRIO E SEPARATISMO ATRAVÉS DOS MANIFESTOS FARROUPILHA DE 1835 E 1838

O Rio Grande do Sul, antes do advento da Revolução Farroupilha, dividia-se entre partidários do sistema federalista e centralizadores, no campo político. Havia uma ferrenha luta pela organização de uma monarquia, após a abdicação de Pedro I, em moldes liberais e federativos. Na economia, predominavam a atividade pecuária, cuja produção servia para abastecer o mercado centro-brasileiro de carnes (na forma de charque) e produtos derivados (sebo, couro e graxa). Esta mono-atividade que atendia somente ao mercado interno, que por sua vez também era calcado majoritariamente em uma monocultura agro-exportadora (o café), acabara tornando a economia sul-rio-grandense muito frágil e extremamente dependente do desempenho econômico do centro do país. Se o Brasil situava-se como periferia do mundo, o Rio Grande do Sul poderia ser considerado "a periferia da periferia". Outros fatores somavam-se para a delicada situação econômica sul-rio-grandense. O regime escravocrata encarecia e impunha limites ao processo produtivo. Somando-se a isso, os produtos pecuários encontravam forte concorrência dos produtos platinos, estes mais baratos por serem obtidos a partir de trabalho assalariado e por empregarem técnicas mais avançadas que os vizinhos brasileiros e também – talvez principalmente – pela falta de apoio tarifário por parte do governo central, esperado na forma de taxar e sobretaxar o produto platino e conceder facilidades no comércio do sal nordestino, produto essencial na atividade charqueadora[13]. A soma de todos estes fatores, mais alguns pontuais à época do início do movimento, seriam usados pelos revoltosos para justificar a eclosão da Revolução Farroupilha.

Dois documentos vinculados à história da revolução, os manifestos farroupilha de 1835 e de 1838, apresentam justificativas para o movimento do dia 20 de setembro de 1835. Neles, encontramos as explicações declaradas dos revoltosos, porém, ambos apresentam tons diferentes no discurso referente à legitimação e o caráter de separatismo do movimento.

O Manifesto de 1835, assinado por Bento Gonçalves e divulgado em 25 de setembro do

---

[13] ALVES, Francisco das Neves. A conjuntura histórica. In _____.
Revolução Farroupilha: estudos históricos. Rio Grande: Fundação Universidade Federal do Rio Grande, 2004, pp. 9-44.

mesmo ano, tem um mais ameno e posiciona-se, enfaticamente, contrário ao separatismo. Ao longo do documento, assinala várias vezes a inaptidão, corrupção e os desmandos do presidente da província, o que justificaria sua derrubada do poder alegando os Direitos das Gentes. Aliás, estes mesmos direitos são evocados em outras tantas passagens, entre elas a que julga legítimo levar a missão a cabo por afastar "um administrador inepto e faccioso" pelo "braço poderoso de um povo irritado"[14] ou seja, o objetivo prático maior dos rebelados era tão somente tirar do poder Antônio Fernandes Braga, então presidente da província. Neste manifesto, os farroupilhas recusam veementemente a pecha de separatistas, atribuindo a acusação ao governo da província ao qual combatiam. Exaltavam seu amor à pátria e fidelidade à Constituição que juraram, e seu compromisso com a conservação da integridade do império brasileiro, apesar de considerarem a Carta Magna, naquele momento, como "letra morta" e as "vias legais, obstruídas"[15] pela arbitrariedade do governo da província - somada à apatia do governo central. A reação armada era, pois, justificada não só pelas garantias

[14] SPALDING, Walter. A Revolução Farroupilha. São Paulo: Cia Editora Nacional; Brasília: Ed. da UNB, 1982, p. 92
[15] SPALDING, 1982, p. 96

asseguradas nos Direitos das Gentes como também em virtude de terem sido os sul-rio-grandenses aqueles que sempre lutaram *pelo* Brasil, jamais *contra* o Brasil. O fato de terem lutado contra o inimigo externo legitimava agora a reação contra o que consideravam os inimigos internos da pátria, os facciosos, aqueles que conspiravam contra o estabelecimento de um estado liberal e iluminado[16]. Usa igualmente, do mesmo artifício do qual foi alvo, desta vez para atacar o governo da província, acusando-o de recrutar e armar estrangeiros para lutar contra os compatriotas. Finalmente, elenca vários fatos e episódios que também justificariam a ação armada, como gastos exagerados, a violação da garantia do *habeas corpus*, as remoções dos contingentes bélicos dentro do Rio Grande de maneira injustificada, as promoções de oficiais da chamada "extinta segunda-linha" em lugar dos altos oficiais anteriores, etc.

No Manifesto de 1838, o tom harmonizador e de respeito à integridade do império e o caráter conciliatório, dão lugar a um discurso mais duro, de ruptura com o Estado Nacional Brasileiro. O Manifesto principia com a defesa da liberdade da República Rio-grandense e

---

16 SPALDING, 1982, p. 96

a iguala a todos os estados soberanos e livres, afirmando não submeter-se à nação ou potência alguma, mas apenas ao código das nações[17]. Para legitimar o *status* de nação livre e soberana, equipara seus feitos aos semelhantes das nações americanas frente ao jugo das potências européias colonialistas[18], para a seguir citar todas as injustiças e motivos de que o Rio Grande do Sul teria sido vitimado pelo império brasileiro. Torna a dizer, como em 1835, mas de maneira mais enfática, das participações nos conflitos militares, como contra a Argentina, em que eram "o braço direito e também a parte mais vulnerável do Império. Agressor ou agredido o governo nos fazia sempre marchar à sua frente (...) longe do perigo dormiam em profunda paz as mais Províncias"[19]. Acusa o calote que teria dado o governo central, tanto das compensações de guerra quanto dos empréstimos a Santa Catarina e São Paulo[20], por exemplo. Reiteram as queixas sobre as taxas e sobretaxas que pagam nas alfândegas do país, o que teria esmagado a

---

[17] COLEtâNEA DE DOCUMENtOS DE BENtO GONçALVES DA SILVA. Porto Alegre: Comissão Executiva do Sesquicentenário da Revolução Farroupilha, 1985, p. 280.

[18] COLEtâNEA... p. 280.

[19] COLEtâNEA... p. 282.

[20] COLEtâNEA... p. 282.

principal indústria da província. O Manifesto prossegue dando conta dos motivos econômicos e políticos da emancipação, fala do equívoco que foi confiar na esperança conciliatória do governo imperial após os farroupilhas deporem o presidente do Rio Grande, e receberem em represália uma tentativa de "aniquilação" da província, no caso de não poder sujeitá-la à obediência[21]. Acusa o Império de ingerência nos assuntos da República do Uruguai, sob a alegação de que a Corte do Rio jamais renunciou sinceramente à Cisplatina[22], - em uma tentativa de conquistar a simpatia e o apoio do país vizinho – e de outros tantos delitos, desde o roubo de bens pertencentes à província pelo então presidente quando de sua fuga, além da transgressão dos Direitos das Gentes, "violando uma solene suspensão de armas."[23] Legitima-se, deste modo, a república instaurada como forma de impor-se ao universo de total arbitrariedade formado desde a chegada do substituto ao governo provincial, pois alegava-se que este não havia prestado "o indispensável juramento e tomar posse de seu cargo, e ilegalmente a toma na Câmara Municipal

[21] COLEtâNEA... p. 282.

[22] COLEtâNEA... p. 282.

[23] COLEtâNEA... p. 282.

da Cidade do Rio Grande, com ofensa de um artigo da Constituição Política do Estado"[24] ou seja, criando um ato inconstitucional. Como agravante, o novo governante decreta a dissolução da Assembléia Provincial, e "proclama a guerra contra ele e contra o povo que o sustenta"[25].

A violação dos Direitos das Gentes é mais veementemente denunciada pelos farroupilhas no Manifesto de 1838. Prisão e execução de parlamentares, degolamentos de combatentes "aos quais a convenção do Fanfa havia anistiado[26]" e com o agravo de serem portadores de salvo-conduto, além de toda sorte de insultos, assassínios, roubos, perseguições e prisões onde os detentos padeciam de fome e outros martírios.

Todas as afirmações e justificativas sublimavam que a guerra não tinha sido desejada pelos farroupilhas, mas antes provocada ao extremo pelo governo provincial com a inicial apatia e, mais tarde, conivência do Império. No final do documento, os revoltosos afirmam que, esgotadas as esperanças de chegarem a uma conciliação com o governo imperial, não tiveram eles outra alternativa a não ser a guerra e a

---

[24] COLEtâNEA... p. 288.

[25] COLEtâNEA... p. 288.

[26] COLEtâNEA... p. 289.

separação, ou seriam fatalmente aniquilados. Prometem, contudo, formarem uma nova federação caso outras províncias seguissem o mesmo caminho libertário[27].

Estava decretado o caráter irrevogável do separatismo na frase final do documento, onde se afirma que os rio-grandenses não aceitariam do governo do Brasil uma paz "que possa desmentir a sua soberania e independência."[28]

Em comum nos dois manifestos, as denúncias episódicas e factuais como justificativas do combate, mas sobretudo a constante defesa dos Direitos das Gentes, ainda que no de 1835 estes sejam majoritariamente evocados como o direito de derrubar o governante que não aspira às necessidades de seu povo e, no de 1838, com as denúncias de violação de vários daqueles direitos por parte do governo, primeiro, convenientemente distinguindo atos do governo provincial com o governo imperial (1835), depois estabelecendo a ambos como cúmplices e co-responsáveis pelas atrocidades e desmandos (1838). Defendem a unidade do país, a Constituição do Império e o Estado Liberal em 1835, num tom conciliador e patriótico, fato não repetido em 1838, onde as

---

[27] COLEtâNEA... p. 290.

[28] COLEtâNEA... p. 290.

denúncias, as justificativas legitimatórias e a auto-afirmação como Estado livre dominam o manifesto.

Por fim, o separatismo, negado e renegado no primeiro manifesto, é admitido e defendido no segundo, ainda que como ação última, mas assegurando-se da irrevogabilidade de sua independência, fato sequer cogitado em 1835.

BIBLIOGRAFIA

ALVES, Francisco das Neves. A conjuntura histórica. In _____. **Revolução Farroupilha**: estudos históricos. Rio Grande: Fundação Universidade Federal do Rio Grande, 2004

Coletânea de documentos de Bento Gonçalves da Silva. Porto Alegre: Comissão Executiva do Sesquicentenário da Revolução Farroupilha, 1985

SPALDING, Walter. **A Revolução Farroupilha.** São Paulo: Cia Editora Nacional; Brasília: Ed. da UNB, 1982

APROXIMAÇÕES E DISTANCIAMENTOS DE DUAS CARTAS MAGNAS LIBERAIS: O PROJETO DE CONSTITUIÇÃO RIO-GRANDENSE E A CONSTITUIÇÃO DO IMPÉRIO DO BRASIL, DE 1824

O Rio Grande do Sul, após ratificar sua emancipação política durante a Revolução Farroupilha, tentava afirmar-se como um Estado Nacional liberal, e, para isso, era necessário um aparato que legitimasse este *status* pretendido, ou seja, uma constituição política. Contudo, em face da guerra que empreendia contra o Império Brasileiro, uma constituição de fato nunca pode ser colocada em prática, pois se vivia em um *estado de exceção*. Deste modo, articularam os chefes farroupilhas um Projeto Constitucional, que seria aplicado tão logo cessasse o conflito. Este projeto trazia diferenças em relação à Constituição Imperial do Brasil de 1824, tanto em seu conteúdo quanto em aspectos como na organização político-administrativa do Estado, a divisão dos poderes e a estrutura eleitoral, por exemplo. Apesar disso, assemelhava-se bastante da Constituição brasileira, em sua forma e no estilo de redação, utilizando-se em vários trechos de reproduções fiéis ao texto imperial, como, por exemplo, na oficialização de uma religião como a única do Estado e o silêncio sobre as questões anti-escravagistas, cujo tema não aparecia em nenhuma das duas cartas.

O LIBERALISMO

O Liberalismo nasceu na Inglaterra, por meio da luta política que culminou na Revolução Gloriosa de 1688, cujas bandeiras eram a tolerância religiosa e governo constitucional. Ambos tornaram-se pilares do sistema liberal, espalhando-se com o tempo por todo o Ocidente. Já o Movimento Liberal, enquanto "rótulo político" surgiu nas Cortes espanholas de 1810, em um parlamento que se revolta contra o absolutismo monárquico de então. Durante o século XIX, o Liberalismo experimentou aquilo que Merquior define como sua "Idade de Ouro", tendo atuação em dois níveis: o de pensamento e o de sociedade e "consistia num corpo de doutrinas e num grupo de princípios que sustentavam o funcionamento de várias instituições, algumas antigas (como parlamentos) e outras novas (como liberdade de imprensa)" (1991, p.16). Enquanto reação ao Estado Absolutista, o Liberalismo procurou instituir tanto uma limitação da

autoridade como uma divisão da autoridade. É típico do Estado Liberal a divisão do poder (ou poderes), em uma demarcação da autoridade estatal em "esferas de competência", classicamente associada com os ramos legislativo, executivo e judiciário, para refrear o poder mediante o jogo de "pesos e contrapesos. Desta forma, como afirma Merquior, "divide-se a autoridade de maneira a manter limitado o poder", ou, em outras palavras, manter o poder sob controle, de modo a inibir um Estado (ou governo) com poderes absolutos.
(1991, p. 17)

Bobbio assim define o Liberalismo:

> O pressuposto filosófico do Estado Liberal, entendido como Estado limitado em contraposição ao Estado absoluto, é a doutrina dos direitos do homem elaborada pela escola do direito natural (ou jusnaturalismo): doutrina segundo a qual o homem, todos os homens, indiscriminadamente, têm por natureza e, portanto, independentemente de sua própria vontade, e menos ainda da contade de alguns poucos ou de apenas um, certos direitos fundamentais, como o direito à vida, à liberdade, à segurança, à felicidade - direitos esses que o Estado, ou mais concretamente aqueles que num determinado momento histórico detêm o

poder legítimo de exercer a força para obter a obediência a seus comandos devem respeitar, e portanto não invadir, e ao mesmo tempo proteger contra toda possível invasão por parte dos outros. (1991, p.11)

Assim, "direito" e "dever" são duas noções presentes no arcabouço normativo das sociedades ditas Liberais, e por isso pressupõem a existência de uma *norma* ou *regra de conduta* que atribui a um sujeito a faculdade de fazer ou não fazer alguma coisa ao passo em que impõe a quem quer que seja a abstenção de toda ação capaz de impedir, seja por que modo for, o exercício daquela faculdade. Em outras palavras, pode-se definir o jusnaturalismo como a "doutrina segundo a qual existem leis não postas pela vontade humana (...) das quais derivam, como em toda e qualquer lei moral ou jurídica, direitos e deveres que são *naturais*." (BO-BBIO, 2000, p. 12)

CARTAS MAGNAS: INSTRUMENTOS

DE LEGITIMAÇÃO DO ESTADO LIBERAL

A primeira Carta Magna da história, que representou o pacto entre governantes e governados em um estado que se organizava de modo a estabelecer limites aos poderes de um soberano é a assinada por João Sem Terra em 1215, pressionado que estava pela nobreza da Inglaterra. A assinatura da Carta Magna garantiu certos direitos, primeiro aos nobres, mais tarde estendida aos cidadãos da Inglaterra e que viria a influenciar, nos séculos futuros, o conjunto de direitos que passariam a ser reconhecidos como "Direitos dos Homens" ou "Direitos das Gentes", cujo alicerce baseava-se no conceito de "liberdade", ou, como define Bobbio (2000, p. 13) como "esferas individuais de ação e de posse de bens protegidos perante o poder coativo do rei." Embora esta e as sucessivas cartas tenham a forma jurídica de concessões soberanas (isto é, um "presente" do rei aos súditos", elas são de fato fruto de um acordo entre as partes governo e governados, no que diz respeito aos direitos e deveres recíprocos na relação política estabelecida. Em outras palavras, na relação entre o *dever de proteção*, exercida por parte do soberano, e o *dever de obediência* , no qual consiste a assim chamada "obrigação política" por parte do súdito, comumente chamado de *pactum subjectionis* (BOBBIO, 2000, p.14). Numa carta das "liberdades" o objeto principal do acordo são as formas e os limites da obediência, ou seja, a obrigação política, e correlativamente as formas e os limites do direito de comandar.

As Cartas Magnas configuram o chamado "Estado de Direito", que são os Estados em que os poderes públicos são regulados por normas gerais (as leis fundamentais ou constitucionais) e devem ser exercidos no âmbito das leis que os regulam, resguardando o direito do cidadão de recorrer a um juiz independente para fazer com que seja reconhecido e refutado o abuso ou excesso de poder. Deste modo:

> o Estado de direito reflete a velha doutrina - associada aos clássicos e transmitida através das doutrinas políticas medievais - da superioridade do governo das leis sobre o governo dos homens, ou seja, a constitucionalização dos direitos naturais, ou seja, a transformação desses direitos em direitos juridicamente protegidos, isto é, em verdadeiros direitos positivos. Na doutrina liberal, Estado de direito significa não só subordinação dos poderes públicos de qualquer grau às leis gerais do país, limite que é puramente formal, mas também subordinação das leis ao limite material do reconhecimento de alguns

> direitos fundamentais considerados
> constitucionalmente, e, portanto, em linha
> de princípio "invioláveis". (BOBBIO,
> 2000, p.
> 18)

Os Estados que se pretendiam Liberais necessitavam deste aparato legislativo que agiria enquanto regulador-limitador do poder e das relações de poder entre cidadãos e governos. O Brasil, na sua formação enquanto Estado Nacional não era diferente. O Rio Grande do Sul, no auge do movimento separatista, da mesma forma necessitava de um projeto de Carta Magna para a organização e legitimação de seu Estado.

O CASO SUL-RIO-GRANDENSE

A República Rio-Grandense, instalada a partir da Revolução Farroupilha, intentou organizar todo um aparato político-administrativo-institucional nos modelos Liberais. Encontrou inúmeras dificuldades principalmente por este Estado estar, neste período todo, em "Estado de Guerra", ou seja, em estado de exceção, o que consistia em grande obstáculo para a concretização e efetiva implementação de uma

Carta Magna, limitandose a um Projeto Constitucional.

Tal projeto, inserido no contexto liberal da época, teria por objetivo servir como instrumento de legitimação do Estado Nacional Rio-Grandense, cujas bandeiras eram:

> [a defesa] dos direitos individuais, garantindo a inviolabilidade dos direitos civis e políticos dos cidadãos, tendo por base a propriedade. Garantia a igualdade de todos os cidadãos perante à lei, que só seria promulgada quando de utilidade pública; a não existência de distinções para ocupação de cargos públicos; a inviolabilidade do lar; a liberdade de pensamento; os socorros públicos; a instrução primária e gratuita a todos os cidadãos; a existência de colégios, academias e universidades; e o "sagrado e inviolável" direito à propriedade. Todos os "direitos das gentes" defendidos no projeto estavam limitados à visão de povo definida pelo pensamento liberal dos líderes da Revolução e, portanto, só eram aplicáveis aos "cidadãos", quer seja, os "notáveis" responsáveis pelos destinos do novo Estado. (ALVES, 2004, p.39)

É importante destacar que o Liberalismo e seus instrumentos foram-se alterando conforme foram também se alterando as sociedades em que o sistema se desenvolveu, bem como seu significado, de maneira que é mais correto associar "ideias liberais" do que, propriamente, Liberalismo, termo no singular. O caso brasileiro, e especificamente sul-rio-grandense, é exemplo típico. Neste estado, princípios tipicamente Liberais conviveram com pressupostos que, em tese, contrapunham-se ao Liberalismo, conforme podemos verificar no Projeto Constitucional Rio-Grandense. Neste sentido, o discurso e práticas farroupilhas tiveram embasamentos Libcrais, mas que foram sintetizados de modo a servir aos interesses dos rebeldes, criando um Liberalismo próprio dos rio-grandenses. Segundo Alves, o pensamento Liberal europeu "encontrou eco e foi metabolizado pelos brasileiros, pois o processo histórico de colonização/descolonização havia gerado contradições, formando agentes sociais portadores de um modo liberal de agir." (2004, p. 28). O autor destaca ainda que, no Rio Grande do Sul, "não foi com a importação de ideias que os farrapos se tornaram Liberais, e sim, o contexto histórico rio-grandense criou formas de agir e pensar Liberais, e as ideias européias só entraram e foram adotadas em função desta realidade." (ALVES, 2004, p. 28).

Dentre as contradições que os ideais Liberais apresentavam no cenário sul-rio-grandense, estavam as práticas autoritárias previstas e permitidas, mesmo com a declarada inspiração liberal do jovem Estado. De fato, o autoritarismo é um aspecto presente e arraigado à formação histórica do Rio Grande do Sul. Para Alves, não houve contradição entre este autoritarismo e o discurso Liberal, "porque era através deste discurso que se procurava garantir a dominação tradicional e as relações sociais que nesta dominação estavam ancoradas." (2004, p. 29). Deste modo:

> A Revolução Farroupilha teve sua liderança amplamente ligada à elite latifundiária que, mesmo posicionando-se politicamente como Liberal, por ser o grupo social dominante na Província, exercia uma dominação ao nível local, dentro dos padrões patrimonialistas e estabelecia suas relações sociais tendo por base aspectos senhoriais e autoritários, sendo que, inclusive, o liberalismo desta elite rural não era incompatível com o escravismo. Os farroupilhas justificariam seus atos em nome do "direito à resistência", afastando o representante do Governo Central que consideravam como opressor, e deste modo seguiam o ideário Liberal que considerava como meros administradores (...).
> (ALVES, 2004, p. 29)

A própria revolução, em última análise, era legitimada pelas ideias Liberais, pois os sulriograndenses estariam agindo em defesa de instituições como a liberdade, a lei, a propriedade, ameaçadas que estavam pelo Governo Central.

COMPARAÇÕES ENTRE AS CARTAS MAGNAS

A Constituição Imperial de 1824[29] define o país como a associação política de todos os cidadãos brasileiros, com o território dividido em províncias e com governo monárquico, hereditário, constitucional e representativo. A sua similar riograndense estabelece o país também como a associação política de todos os cidadãos, prevendo a futura divisão do território e a demarcação dos seus limites, "logo que as circunstâncias o permitam" [30] ou seja, após findar

---

[29] Todas as informações do presente artigo referentes à Constituição brasileira foram extraídas da CONSTITUICÃO POLÍTICA DO IMPÉRIO DO BRASIL (de 25 de março 1824) no sítio da Presidência da República, disponível no endereço <http://www.planalto.gov.br/ccivil_03/constituicao/constitui%C3%A7ao24.htm> e acessada em 31 de março de 2010.

[30] Todas as informações do presente artigo referentes ao Projeto de Constituição da República Rio-grandense foram extraídos de FLORES, Moacyr. *Modelo Político dos Farrapos*. Porto Alegre:

a guerra. Como regime de governo, adota a república constitucional e representativa. Ambas estabelecem o catolicismo como a religião oficial do Estado, embora em seu texto permitissem a prática de outras religiões caso estas se constituíssem em culto doméstico ou particular, sem forma exterior de templo para este fim.

Na divisão dos poderes, outra diferença: enquanto o Projeto Constitucional Rio-grandense efetuava a divisão em três poderes separados e independentes (Executivo, Legislativo e Judicial), a Constituição brasileira estabelecia um quarto, superior aos demais: o Moderador. Este poder, segundo a própria Constituição, era "a chave de toda a organização política e é delegada privativamente ao Imperador, como Chefe Supremo da Nação e seu Primeiro Representante" de modo a garantir a "manutenção da independência, equilíbrio e harmonia dos mais Poderes políticos". Na prática, o Imperador poderia nomear os senadores, convocar, adiar e prorrogar a Assembleia Geral, dissolver a Câmara dos Deputados e convocar outra que a substituísse, aprovar ou suspender inteiramente as resoluções dos conselhos provinciais, nomear e

Mercado Aberto, 1978, pp. 187-208.

demitir os ministros de Estado e até suspender os magistrados.

Na Carta Rio-Grandense, o Poder Legislativo republicano era bicameral, com uma Câmara de Deputados e um Senado. Além de criar leis, interpretá-las, suspendê-las e revogá-las, a Assembleia Geral deveria zelar pela Constituição, além de outras vinte e oito atribuições especificadas, que iam desde examinar o emprego do dinheiro público, autorizar o governo a contrair empréstimos e até mesmo fixar a demarcação do território do Estado, antiga reivindicação farroupilha. O Senado tinha mandato de 12 anos, com renovações quadrienais de um terço de seus membros e com sua primeira nomeação sendo feita por eleições indiretas, sempre enviando uma lista tríplice para a escolha e nomeação do presidente. Os municípios rio-grandenses, por sua vez, teriam Câmaras Municipais, porém com funções meramente administrativas. Na Constituição brasileira, o Legislativo também era bicameral, com funções e atribuições semelhantes ao estabelecido na Constituição Riograndense, com a ressalva de o Senado ser vitalício e escolhido pelo Imperador, em lista tríplice enviada pelas províncias oriundas de eleições locais.

O Poder Executivo era exercido, na Carta Rio-grandense, pelo presidente da república. Este seria eleito em sessão permanente pela Assembleia Geral no dia 1º de julho do segundo ano de cada legislatura, por votação nominal, com mandato de quatro anos e não podendo ser reeleito consecutivamente por mais de uma legislatura. Além de administrar a república, tinha por funções nomear Ministros de Estado, sancionar, promulgar ou devolver leis enviadas pela Assembleia Geral, nomear Senadores e membros do Conselho de Estado. O Executivo Rio-grandense tinha o poder de nomear, nas cidades ou vilas cabeças de município, um agente imediato com o título de Diretor, encarregado do governo da municipalidade. Nas demais povoações e distritos subalternos, haveria um intendente subordinado àquele. Tal prerrogativa do Poder Executivo ia de encontro à velha aspiração farroupilha de descentralização que pregava enquanto parte do império brasileiro, pois em seu projeto constitucional não abria mão da centralização das decisões e controle nas mãos do governo central republicano.

No Executivo brasileiro, Ministério, Conselho de Estado e administração eram similares ao disposto no Projeto Constitucional Rio-grandense, guardadas as diferenças inerentes entre presidente e imperador e tudo o que diz respeito a estas distintas classes de governo. Na

Constituição de 1824, é estabelecido que o Imperador seria o chefe do Executivo e exercitaria este poder através dos seus Ministros de Estado.

A estrutura eleitoral disposta na Carta Magna Rio-grandense previa eleições diretas para a Câmara dos Deputados e indiretas para o Senado, onde os votantes elegeriam nas assembleias dos distritos os eleitores que por sua vez elegeriam os senadores. O Conselho de Estado, eleito também de forma indireta, seria escolhido em lista tríplice pelo presidente do Estado. Para votar, estavam aptos os cidadãos rio-grandenses maiores de 21 anos, à exceção dos casados e oficiais militares que forem maiores de 18 anos, os bacharéis formados e os clérigos de ordem sacra; e os estrangeiros naturalizados. Eram excluídos de votar nas assembleias paroquiais aqueles que não professassem a fé católica; os criados de servir (exceto guardalivros e primeiros-caixeiros das casas de comércio e os administradores das fazendas rurais e fábricas); os filhos de família que viviam na companhia dos pais (exceto se servissem em ofício público); os religiosos que viviam em comunidades claustrais; os soldados e cabos de exércitos de linhas; os analfabetos e, por fim, aqueles que não tiveram renda anual de cem mil réis. Estes não podiam ser membros nem votar na nomeação de autoridade eletiva, nacional ou local. Outros, que não se enquadrassem nas determinações anteriores e tivessem renda anual superior a duzentos mil réis e não fossem libertos, criminosos ou estrangeiros naturalizados, poderiam votar para o Senado, a Câmara e o Conselho. Finalmente, para votar e ser votado, o cidadão deveria, além de não se enquadrar nos dispositivos restritivos acima, ter renda superior a trezentos mil réis anuais e ter mais de 25 anos completos.

O processo eleitoral brasileiro guardava muitas semelhanças com o rio-grandense, já que este foi inspirado naquele. O voto também era censitário e estabelecia níveis de votação, sendo indireta a nomeação de deputados, senadores e membros dos Conselhos Gerais das Províncias, onde as assembleias paroquiais elegeriam, entre a massa dos cidadãos ativos, aqueles eleitores locais que, por sua vez, elegeriam os representantes provinciais e da nação. Os valores para as eleições primárias eram igualmente cem mil réis anuais, os mesmos duzentos mil réis para serem eleitores dos deputados e senadores e quatrocentos mil réis para serem elegíveis em cargos políticos.

Os Direitos das Gentes, tanto na Constituição Imperial quanto no projeto constituinte riograndense, aparecia nas disposições gerais e transitórias ao fim do documento. No caso brasileiro, o título oitavo é o último a ser tratado, após todas as disposições constitucionais, quase como um aparte, um anexo, algo que foi acrescentado de última hora, ao contrário das constituições modernas, em que na maioria dos casos estas disposições aparecem logo no início do texto constitucional. Ambos os casos garantiam a inviolabilidade do lar; o segredo de correspondência; a garantia de propriedade da descoberta aos seus inventores; a livre expressão de pensamentos por palavras escritas (liberdade de imprensa); a não-perseguição religiosa; a igualdade da lei para todos e o direito sagrado e inviolável à propriedade, entre outros, típicos do pensamento liberal, ao passo que ambos silenciavam sobre o elemento escravo, o que destoava das ideias liberais.

CONCLUSÃO

Tanto o jovem Império Brasileiro como a nascente República Rio-Grandense, ancoravam-se em Cartas Magnas para legitimarem-se enquanto Estados Nacionais, ainda que no primeiro caso houvesse já a Constituição (outorgada por Pedro I) e no segundo houvesse o Projeto Constitucional, já que o momento em que vivia enquanto estado de exceção não permitisse que fosse colocado em prática, efetivamente, uma constituição, ambas estabeleciam as regras, direitos e deveres políticos da população às quais serviam, bem aos moldes Liberais. Através da análise dos textos constitucionais brasileiro e rio-grandense, apesar das diferenças quanto à forma de governo, este republicano e aquele monárquico, apresentam-se mais semelhanças do que discordâncias, não representando o modelo rio-grandense nenhuma ruptura severa quanto ao modelo imperial, ao qual se desligara pela Revolução Farroupilha. O ideário liberal, tão propagado pelos farroupilhas, na prática seria mais uma versão metabolizada, muito próxima da então vigente no Brasil.

BIBLIOGRAFIA

ALVES, Francisco das Neves. **Revolução Farroupilha**: estudos históricos. Rio Grande: Fundação Universidade Federal do Rio Grande, 2004.

BOBBIO, Norberto. **Liberalismo e Democracia**. São Paulo: Brasiliense, 2000.

CONSTITUICÃO POLÍTICA DO IMPÉRIO DO BRAZIL (de 25 de março 1824) no sítio da Presidência da República, disponível no endereço <http://www.planalto.gov.br/ccivil_03/constituicao/constitui%C3%A7ao24.htm> e acessada em 31 de março de 2010.

FLORES, Moacyr. **Modelo Político dos Farrapos**. Porto Alegre: Mercado Aberto, 1978.

MERQUIOR, José Guilhermc. **O Liberalismo antigo e moderno**. Rio de Janeiro: Nova Fronteira, 1991.

AS COMEMORAÇÕES DO CENTENÁRIO FARROUPILHA NO DISCURSO DE DEOCLÉCIO DE PARANHOS ANTUNES

Em 1935, por ocasião das comemorações alusivas ao centenário da Revolução Farroupilha, o jornal *O Tempo* publicava, exatamente no dia 20 de setembro, um artigo evocando e enaltecendo os acontecimentos considerados precursores do movimento revolucionário, assinado por De Paranhos Antunes.

O autor, cujo nome completo era Deoclécio de Paranhos Antunes, foi um militar nascido em 1902 no município de Rio Pardo. Sempre esteve ligado às atividades de ensino e pesquisa, mesmo enquanto estava na ativa militar, tendo atuado também em várias instituições de cultura de sua época. Neste meio, teve a oportunidade de conviver com a atmosfera intelectual gaúcha dos anos 1930 a 1950, estabelecendo uma forte interação com alguns dos mais destacados representantes da historiografia sul-rio-grandense da época e, naturalmente, sendo influenciados pelos mesmos. Foi um dos reprodutores do discurso de Aurélio Porto, um dos próceres da historiografia oficial ligada ao Instituto Histórico e Geográfico do Rio Grande do Sul[1].

Sua atividade militar, a influência dos meios intelectuais da época e o grande contato com a historiografia oficial que era, ao mesmo tempo, meio e fim discursivo, foram determinantes no tipo de produção histórica produzida por De Paranhos Antunes. Tanto o que produziu sobre o Regimento dos Dragões, como o que escreveu sobre a Revolução Farroupilha, tinha em comum o objetivo de enaltecer os aspectos militares daqueles, cujo espírito aguerrido e patriótico tornar-seiam verdadeiros símbolos da "alma gaúcha", brava, corajosa, abnegada e altruísta, mas, acima de tudo, heróica. Não é demais lembrar, também, o momento pelo qual passa a política brasileira em meados da década de 1930: os gaúchos já estão no poder central do país desde a Revolução de 30, preparando as bases daquilo que viria a se constituir no golpe do Estado Novo, de caráter autoritário-repressivo e contrário aos regionalismos. Fazia-se necessário um discurso, especialmente aos alinhados direta ou indiretamente com o poder do Estado, que justificasse e legitimasse a permanência no poder daqueles elementos e mais ainda, que acentuasse o caráter heroico e patriótico do povo sul-rio-grandense. Um Rio Grande do Sul Separatista e Platino era contrário à tudo o que se pregava e difundia na historiografia feita por historiadores como De Paranhos Antunes e seus antecessores. Por sua vez, um Rio Grande unido, brasileiro, republicano e defensor da pátria, nada mais era do que a inquestionável "verdade histórica".

Desta forma, o artigo assinado no jornal *O Tempo* ratifica estas posições discursivas observadas em seus trabalhos, destacando aspectos e silenciando sobre outros daqueles em que considerou como motivos para a deflagração da guerra. Como parte do projeto comum das redes discursivas ligadas ao IHGRS de então, a Revolução Farroupilha fora alçada à categoria de "maior evento da história do Rio Grande", e como tal, enfatizar esta grandeza era sempre necessário, de modo a legitimá-la neste posto. Não é em vão que, no primeiro parágrafo do referido artigo, De Paranhos fala que "(...) a demagogia, os insultos recíprocos, as competições eleitorais e os desmandos das autoridades *prenunciavam grandes acontecimentos*" (grifo nosso). Nos demais parágrafos, De Paranhos salienta que o período conturbado teve início após a abdicação de Pedro I, quando os regentes que estiveram no poder é que tornaram a vida política e econômica sul-rio-grandense como insuportável. Com esta afirmação, tira a responsabilidade do Império (cuja face era a do Imperador, o que poderia ser interpretado como sublevação contra o Poder constituído) e atribui-a ao período regencial, um período cujos ocupantes do poder não eram citados nominalmente, em preferência à eleição do inimigo como sendo, genericamente de "o mal" "a injustiça", "a exploração" "as arbitrariedades" e o "cerceamento das liberdades", todos eles inimigos sem face. Para De Paranhos, os gaúchos só chegaram a este ato "extremo" (a Revolução" porque foram "obrigados" em virtude dos atos do governo central. Sustenta suas afirmações evocando e citando trechos de documentos por ele pesquisados, como o Manifesto de Bento Gonçalves. Faz, como de resto era peculiar também a seus antecessores, de maneira parcial e seletiva. O Rio Grande, segundo o documento e através das palavras de De Paranhos Antunes, era "explorado" apesar de ser, de todas as províncias, "uma das que mais contribuíam para o fausto do centro".

Se é verdade que tanto no documento original, quanto na seleção apresentada pelo articulista aparecem motivações econômicas como constituintes da gênese do conflito revolucionário, o grande motivo "propulsor e impulsionador" do movimento de Vinte de Setembro teria sido a política. Conclui enfatizando uma vez mais o caráter épico e orgulhoso do evento, caracterizando-o como "decênio heróico" que marcaria "a epopéia máxima da nobre sub-raça meridional", ou seja, a legitimação da Revolução Farroupilha como evento maior da história sul-rio-grandense dos heróicos e mitológicos gaúchos.

De Paranhos Antunes, com sua produção de caráter histórico, foi produtor e reprodutor do momento histórico-historiográfico em que viveu, influenciado pela rede discursiva do meio intelectual a que conviveu e das práticas políticoculturais da época. Seu discurso, assim como o de toda a historiografia oficial, marcaria fortemente a memória social dos sul-rio-grandenses e romperia o século XX, alcançando o princípio do século XXI enraizado no senso comum e também – talvez principalmente – nos Meios de Comunicação de Massa, que tratam a Revolução Farroupilha como evento maior do povo sul-rio-grandense, exemplo máximo de bravura, heroísmo e luta pela liberdade.

BIBLIOGRAFIA

ALVES, Francisco das Neves. **O mito do dragão gaúcho.** Rio Grande: Fundação Universidade Federal do Rio Grande, 2004.

JORNAL O TEMPO. Rio Grande, 20 de setembro de 1935, p. 16

ELITE INTELECTUAL DO RIO GRANDE DO SUL (1930-1950)

Durante a República velha, a intelectualidade sul-rio-grandense encontrava-se circunscrita a atuação através dos jornais e algumas revistas de duração efêmera, limitados a um público específico numa situação de "frágil institucionalização", ou, pelo menos, de dispersão da produção ou da transmissão da cultura erudita[31]. Além disso, apesar da enorme quantidade de jornais existentes na época, quase a totalidade destes mantinham um caráter político-cultural e/ou religioso, segundo Coradini. No caso dos primeiros, os critérios de

---

[31] CORADINI, Odaci Luiz. As missões da "cultura" e da "política": confrontos e reconversões de elites culturais e políticas no Rio Grande do Sul (1920-1960). *Estudos Históricos*, Rio de Janeiro, n. 32, 2003, pp-125-144, p. 128.

definição das problemáticas discutidas depen diam, em larga escala, dos confrontos políticos e da legitimação dos diferentes grupos político-partidários[32]. Este estado de coisas seria alterado no momento da união entre PRR e PL, dois partidos historicamente antagônicos na política gaúcha, o que forneceu as bases locais para que o grupo liderado por Getúlio Vargas ascendesse à presidência da República com o advento da Revolução de 1930. É neste processo que acontece a formação da elite intelectual sul-rio-grandense, segundo Noronha[33], abrangendo o período compreendido entre 1930 a 1950. Esta intelectualidade nasce sob as condições da 1) estabilidade política advinda a partir da Revolução de 1930, 2) da criação dos cursos de Ciências Humanas na Universidade do Rio Grande do Sul e 3) da formação de um mercado cultural neste período, exemplificado através do surgimento da Revista do Globo.

A partir dos eventos e desdobramentos da Revolução de 1930, há uma rearticulação do poder no Estado Nacional Brasileiro, num processo de grande centralização e fortalecimento

---

[32] Idem, ibidem.

[33] NORONHA, Andrius Estevam. Elite intelectual no Rio Grande do Sul (1930-1950). *G&DR* – v. 4. N. 4, p. 121-135, set-dez/2008, Taubaté, SP, Brasil, p. 121.

do poder. O Rio Grande do Sul, neste contexto, exerceria papel significativo nos rumos da política na cional[34]. Este cenário de Estado forte, preconizado por Weber[35] como um dos parâmetros burocráticos necessários para o desenvolvimento de uma elite intelectual, foi um dos elementos que, somado a outros, proporcionou o desenvolvimento da elite intelectual sul-rio-grandense. Nas palavras de Noronha, sepultadas as maiores diferenças que antes dividia o estado, abre-se uma perspectiva para uma demanda crescente de uma "cultura intelectual" que pense o Rio Grande do Sul no contexto da formação do Brasil[36], mas não só, que vise também a criação de um discurso que difundisse os valores fundamentais destinados a perpetuar a situação preeminente da classe dirigente, ligando o estado gaúcho ao Brasil através da construção de uma identidade estritamente nacional para o Rio Grande do Sul.[37]

---

[34] ALVES, Francisco das Neves. O enaltecimento da Farroupilha versus o esquecimento da Federalista: um estudo de caso historiográfico. *Biblos*, Rio Grande, 17: 103-120, 2005, p. 103.

[35] WEBER, M. *Economia e Sociedade*: fundamentos da sociologia compreensiva. Trad. de Régis Barbosa e Karen Elsabe Barbosa. 3º ed. Brasília: Editora Universidade de Brasília, 2000, apud Noronha, op. cit. p. 123.

[36] NORONHA, op. cit. p. 124.

O outro elemento ligado ao Estado que possibilitou o desenvolvimento da intelectualida de brasileira, em geral, e gaúcha, em específico, diz respeito à criação do Ministério da Educação, por representar um programa de massificação da alfabetização, que antes era restrito a uma pequena elite, e que desencadeia nas esferas estaduais e municipais a formação de secretarias com o mesmo fim, entre as décadas de 1930 a 1950, além da criação do Departamento de Imprensa e Propaganda (DIP) que modernizou a logística informacional assentada sob novos canais de transmissão destas informações.[38] Segundo Noronha, o DIP, além de criar um corpo de intelectuais que legitimasse o Estado Novo (a partir de 1937), não apenas massificou, mas criou um corpo intelectual que legitimasse o governo nos setores médios e urbanos da sociedade.

Neste cenário, a criação da Universidade do Rio Grande do Sul inaugura um período em que a universidade rompe com sua estrutura de formação profissionalizante centrada nas áreas de Direito, Engenharia e Medicina, características da

---

[37] ALVES, op. cit. p. 105.
[38] NORONHA, op. cit. p. 126.

República Velha, e começa a integrar o campo da produção cultural e ideológica através dos cursos ligados à área das Ciências Humanas, como os de Filosofia, Geografia e História. A instalação destes cursos fez parte da corrente denominada "Escola Nova", que tanto na esfera nacional como na regional gaúcha, transformaram a ideologia dominante na formação universitária positivista em direção à valorização dos cursos com potencial revolucionário[39] constituindo-se em mais um mecanismo de recrutamento da elite intelectual do Rio Grande do Sul.[40]

Finalmente, a fundação da Revista do Globo, em 1929, insere-se como marco do empreendimento econômico da produção intelectual sulrio-grandense. Fundada, segundo Noronha, com amplo apoio do então deputado estadual Getúlio Vargas[41], desde seus primórdios teve seu posicionamento editorial voltado para a unidade do Rio Grande do Sul, demonstrando já no seu nome a intenção manifesta de "constituir uma ponte de ligação mental e social entre o Rio Grande e o resto do mundo".[42] A Revista do

---

[39] NORONHA, op. cit. p. 127.

[40] NORONHA, op. cit. p. 126.

[41] NORONHA, op. cit. p. 133.

[42] REVISTA DO GLOBO. In: *WIKIPÉDIA, a enciclopédia livre.*

Globo Publicou colunas de intelectuais como Moysés Vellinho, Augusto Meyer, Mário Quintana, Raul Bopp, Viana Moog, Herbert Caro e Erico Verissimo.

Para Noronha, a atuação de dois de seus diretores, Erico Verissimo e Mario Bernardi, estabelece o que chama de "reconversão e recrutamento"[43] da elite intelectual sul-rio-grandense, por estes dois intelectuais serem egressos de diferentes meios econômico-sociais, como é o caso de Verissimo, oriundo da clite rural gaúcha em já em processo de decadência; e Bernardi, descendente de pequenos agricultores e que teve um processo de ascensão baseado na sua atividade de escritor/intelectual[44]. Coradini, por sua vez, destaca que não foi mera coincidência que, de todos os intelectuais de algum modo vinculado ao grupo que editava a Revista do Globo, são os dois não apenas aqueles oriundos de condições sociais mais baixas, mas também os que se destacam pela intensidade de rupturas em seus trajetos sociais.[45] Além disso, ambos

---

Flórida: Wikimedia Foundation, 2010. Disponível em: <http://pt.wikipedia.org/w/index.php?title=Revista_do_Globo&oldid=20239180>. Acesso em: 21 maio 2010.

[43] NORONHA, op. cit. p. 133

[44] NORONHA, op. cit. p. 133

[45] CORADINI, op. cit. p. 130

tornaram explícitas as diferenças quanto a "interesses, estilos de vida, crenças e tomadas de posição política ou ideológica"[46], o que não somente contribuiu para o sucesso editorial da revista, mas atraía diferentes perfis intelectuais, identificados com este ou aquele posicionamento defendido e externado pelos dois.

De forma geral, a formação da intelectualidade gaúcha nas décadas de 1930 a 1950 esteve fortemente ligada, direta ou indiretamente, ao Estado. Os intelectuais vinculados a esse período que surgia e se estabelecia enquanto grupo, constituíram um corpo social que teorizava, tornava coerente e difundia as idéias e os valores da elite governante junto ao conjunto da população. Grandes nomes da literatura e das artes em geral mobilizaram-se para falar de cultura e política entre si e para a população e, como grande parte desta elite intelectual específica estava ou estaria trabalhando no aparelho burocrático do Estado, suas proposições intelectuais se confundiam com as proposições do próprio Estado, prática que seguiu em maior ou menor escala, durante todo o período aqui analisado.

---

[46] CORADINI, op. cit. p. 130

BIBLIOGRAFIA

ALVES, Francisco das Neves. O enaltecimento da Farroupilha versus o esquecimento da Federalista: um estudo de caso historiográfico. **Biblos**, Rio Grande, 17: 103-120, 2005

CORADINI, Odaci Luiz. As missões da "cultura" e da "política": confrontos e reconversões de elites culturais e políticas no Rio Grande do Sul (19201960). **Estudos Históricos**, Rio de Janeiro, n. 32, 2003, pp-125-144, p. 128.

NORONHA, Andrius Estevam. Elite intelectual no Rio Grande do Sul (1930-1950). **G&DR** – v. 4. N. 4, p. 121-135, set-dez/2008, Taubaté, SP.

REVISTA DO GLOBO. In: **WIKIPÉDIA, a enciclopédia livre.** Flórida: Wikimedia Foundation, 2010. Disponível em: <http://pt.wikipedia.org/w/index. php?title=Revista_do_Globo&oldid=20239180>. Acesso em: 21 maio 2010.

WEBER, M. **Economia e Sociedade**: fundamentos da sociologia compreensiva. Trad. de Régis Barbosa e Karen Elsabe Barbosa. 3º ed. Brasília: Editora Universidade de Brasília, 2000

MEMÓRIAS DE UM VENCIDO: O
GENERAL MÍOPE E A REVOLUÇÃO DE 1930

Um fato, quando não rememorado, corre o risco de cair no esquecimento. Surge, pois, uma vontade de contar o passado aos contemporâneos, ou de registrar os episódios vividos aos pósteros, e pelo mesmo motivo, o de evitar o esquecimento. Há, de uma parte, o desejo de perpetuar a versão; e da outra, o interesse em sabê-la. Destas duas resulta o interesse pela memória[47]. Então, este interesse aparece, segundo Peter Burke[48], como *"uma reação à aceleração das mudanças sociais e culturais que ameaçam as identidades, ao separar aquilo que somos daquilo que fomos"*. E como fazer para perpetuar esta versão? Certeau nos fala da *ideologia da informação pelo livro*[49], onde existe *"a pretensão dos 'produtores' de informar uma população, isto é, 'dar forma' às práticas sociais*[50]*"*. Recorre-se a uma produção

---

[47] Por Memória, utilizaremos a definição de Le Goff, que a define como *"a aquisição de regras de retórica e também de posse de imagens e textos que falam do passado, em suma, de um certo modo de apropriação do tempo"*. (LE GOFF, Jacques. *História e Memória*. Campinas: Editora Unicamp, 2005, p. 419).

[48] BURKE, Peter. *O que é História Cultural?* Rio de Janeiro: Jorge Zahar Editor, 2005 p. 88.
[49] CERTEAU, Michel de. *A Invenção do Cotidiano*. Petrópolis: Editora Vozes, 2007, p. 260.

textual para a narrativa do passado, do que se julga *ser a história*. Pollak afirma que, "a priori, *a memória parece ser um fenômeno individual, algo relativamente íntimo, próprio da pessoa (...) a memória deve ser entendida também, ou, sobretudo, como um fenômeno coletivo e social*"[51][52]. Deste modo, o que o indivíduo vive e sofre, no processo histórico, reflete na sua construção da versão, da história que para ele aconteceu tal qual rememora.

No contexto histórico, os eventos considerados relevantes entre a historiografia acabam por separar, na maioria dos casos, vencedores de vencidos, sendo que aqueles sempre têm sua versão privilegiada. O outro lado, ou a história dos vencidos, nem sempre é trazida ao debate. É neste cenário que voltamos nossa atenção ao relato do general Gil de Almeida[53], então comandante da 3ª Região Militar do Rio Grande do Sul por ocasião da Revolução de 1930. Joseph Love apresenta o general como fortemente fiel[54] ao presidente Washington Luís, além de

---

[50] *Idem*, p. 260

[51] POLLAK, Michael. *Estudos Históricos.* Rio de Janeiro: vol. 5, n.
[52] , 1992, p. 201

[53] ALMEIDA, Gil. *Homens e Fatos de uma Revolução.* Rio de Janeiro: Calvino Filho Editor, 1943.

[54] LOVE, Joseph. *O Regionalismo Gaúcho e as Origens da Revolução*

retratá-lo como ludibriado pelo plano orquestrado por Getúlio Vargas e Oswaldo Aranha[55]. O próprio Almeida, legalista que era, dedica a sua obra aos oficiais e soldados mortos no dia 3 de outubro de 1930[56] (quando eclodiu a revolução no Rio Grande do Sul) e que morreram *"no cumprimento do dever, na defesa dos brios do Exército, na obediência à Lei, no respeito à Pátria sublime"*[57].

Almeida dedica dois terços das suas 336 páginas à contextualização do cenário político gaúcho, desde a proclamação da República até as iminências da revolução. Quando trata dos antecedentes imediatos desta, cita o episódio onde Góis Monteiro solicitara licença do seu Regimento onde servia[58] para supostamente acompanhar sua esposa numa cirurgia, em Porto

---

de 1930. São Paulo: Editora Perspectiva, 1975, p. 259.

[55] Sendo levado a cabo por estes com a ajuda de João Simplício Alves, substituto de Oswaldo Aranha na Secretaria do Interior no governo de Getúlio Vargas na presidência do RGS. LOVE, op. cit. p. 259

[56] ALMEIDA, op. cit. p. 3

[57] Idem, ibidem. E vai adiante ao oferecer o livro a todos os vencidos pela revolução (ALMEIDA, op. cit. p. 4)

[58] Góis Monteiro servia como Tenente-coronel no 3º Regimento de Cavalaria de São Luiz Gonzaga, e era, deste modo, subordinado ao general Gil de Almeida.

Alegre. Almeida concordara com a dispensa justificando que ele era:

> "(...) até então como um bom informante e nada autorizava a desconfiar da sua pessoa, tanto mais quanto sabíamos estar o Tenente-coronel Góis, em ligação constante com o General Álvaro Mariante, diretor da Aviação, um dos chefes dos quais o governo tinha ponderáveis razões de confiar. O justo motivo da ida do comandante do 3º R.C.I. a Porto Alegre, é hoje conhecido, - era ser o chefe do EstadoMaior das forças revolucionárias do Rio Grande."

Prossegue que havia sido informado por João Simplício que, tanto Getúlio Vargas quanto Borges de Medeiros,[59] não desejavam a revolução, e ficara, assim, tranqüilo que esta não contava com o apoio dos dois chefes políticos:

> "Vê-se, portanto, que a tática da traição era única: não envolvidos oficialmente governo e autoridades, auxiliavam a tecedura dos flexos da rede, mas se porventura houvesse um fracasso, os agentes conspiradores, que operavam às claras, apareceriam responsáveis, enquanto o Governo do Estado se isentava, prestigiando o Executivo Federal

---

[59] Que mesmo já não sendo mais presidente do Estado, ainda era o chefe do Partido Republicano Riograndense (PRR).

assentado ns tradições do Partido
Republicano Riograndense".[60]

Na véspera do golpe, dia 2 de outubro,
aparece na edição do jornal matutino "Diário de
Notícias" uma informação que foi contestada por
Almeida. Dizia que Getúlio Vargas havia
chamado-o ao Palácio para que tirasse as tropas
instaladas estrategicamente no bairro Menino
Deus, a fim de defender e oferecer suporte às
demais guarnições em caso da revolução. Tal
solicitação não teria sido atendida pelo general,
cuja resposta foi que, só poderia fazê-lo, com
ordens expressas do Presidente da República.
Vargas, retrucando, teria dito *"mande retirar seus
canhões do lugar onde se encontram, pois, do
contrário, a Brigada Militar fará este serviço"*[61]
evidenciando a força da Brigada local no período.
O jornal A Federação, órgão oficial do governo
estadual, apressa-se em desmentir o ocorrido na
sua edição da noite de 2 de outubro.
No dia seguinte, estouraria a revolução.
Antes, porém, o general narra a prosaica ida, às

---

[60] ALMEIDA, op. cit. p. 213.

[61] Diário da Manhã, edição de 2 de outubro de 1930 *in* ALMEIDA,
op. cit. p.215 a 217.

oito horas da manhã, ao Hospital Militar para fazer "um exame de vistas":

> "Os meus olhos pareciam doentes desde muito tempo e eu descuidara, atribuindo o incomodo ao excesso de trabalho à noite. O médico examinou-me. Disse que eu precisava operar-me da vista direita (...) Regressei ao Quartel General preocupado. Eu sentia os olhos arderem. Não podia fixá-lo bem... As menores cousas me irritavam..."[62]

Não demorou muito para estourar a revolução. Às treze horas, Oswaldo Aranha havia lançado um manifesto revolucionário em um grande comício. Ao ser informado, Almeida tenta entrar em contato com João Simplício e com o próprio Getúlio, em vão. Às quinze horas é informado que a agência dos Correios é tomada por civis armados. As guarnições de Bagé, Alegrete e Passo Fundo comunicam via rádio informando: a revolução iria começar[63]. Às dezessete horas, finalmente o Quartel General era invadido. Vinte minutos depois[64], o general estava rendido e considerado preso.

---

[62] ALMEIDA, op. cit. p. 223.

[63] ALMEIDA, op. cit. p. 224.

[64] ALMEIDA, op. cit. p. 232.

A partir do momento de sua rendição, a obra deixa de lado a narrativa factual e passa a explanar através de justificativas, teorias e acusações. Para justificar a facilidade com que seu Quartel General foi tomado, afirma:

> "Subornaram os soldados da guarda do Quartel General, que fugiram momentos antes, inutilizando as nossas metralhadoras e fuzis e furtando a munição do material bélico, que eles vendiam aos nossos adversários a peso. O subornador foi o Dr. Oswaldo Aranha, que se ufanou do importante feito, após a nossa queda, mostrando os percutores das metralhadoras, que trazia como um troféu, no bolso."[65]

Além disso, usa o fator psicológico para explicar a deficiência do seu exército de então, face ao inimigo revolucionário:

> "No Rio Grande do Sul havia uma causa psicológica que não se pode desprezar. As unidades do Exército estavam formadas por soldados recrutas, homens que na véspera eram civis. A mentalidade destes indivíduos não podia ser profunda e radicalmente modificada simplesmente trocando-lhes o casaco paisano por uma blusa caqui. Eles tinham, com efeito, de

[65] ALMEIDA, op. cit. p. 230.

guardar por algum tempo as impressões do meio social em que viveram e se educaram."[66]

Também cita com horror a morte brutal, a queima-roupa, do Major Otavio Cardozo e denuncia que os seus assassinos roubam-lhe o revólver, o relógio e ainda os vencimentos *"intactos ainda em seu bolso"*[67]. Talvez para enaltecer a si mesmo, não afirma quantos homens havia no ataque ao Q.G. Só diz que, do seu lado, havia apenas oito soldados, contra um efetivo muito superior, numericamente, de revolucionários. Para isso, cita o próprio inimigo de então, Oswaldo Aranha como fonte da estatística adversária: *"segundo o Dr. Aranha, e era corrente em Porto Alegre, foram empregados mais de 300 homens no ataque ao Quartel General e têlo-iam incendiado, se a resistência se prolongasse por mais tempo."*[68] Fato posto é que, segundo afirma, só aceitou a capitulação se recebesse carta de próprio punho de Getúlio Vargas, no que foi atendido. A carta dizia:

---

[66] ALMEIDA, op. cit. p. 241.

[67] ALMEIDA, op. cit. p. 231.

[68] ALMEIDA, op. cit. p. 233 e 234.

"Acabo de ter conhecimento da ocupação do Quartel General, pelas forças revolucionárias. Tratando-se, como é o caso, de uma situação perfeitamente consolidada, contra a qual, mais do que temeridade, seria inútil sacrifício oferecer qualquer resistência, ouso apelar para os sentimentos de V. Excia. no sentido de se entregar às forças sob o comando do General Valdomiro de Lima, portador desta, que lhe assegurará, em meu nome, todas as garantias, de acordo com a dignidade de seu cargo e a estima de que é merecedor no Rio Grande do Sul. Apraz-me reiterar a V. Excia., protestos de minha elevada consideração. – Getulio Vargas."[69]

Note-se que Vargas, nesta carta, não assume para si a liderança da revolução. Apenas por ela, não se sabe se fora também pego de surpresa pelo desenrolar dos acontecimentos ou, naquele momento, queria *aparentar ser* (ou de fato *era*) um mero co-participante[70]. Ainda, dá como fato consolidado a presente situação. A revolução era um fato irreversível.

---

[69] ALMEIDA, op. cit. p. 235.

[70] A discussão quanto a Vargas ser *protagonista* ou *coadjuvante* da Revolução de 1930 é tema controverso presente na historiografia e que extrapola os objetivos do presente artigo. Sua análise e considerações exigiriam um estudo detalhado que por ora não nos cabe fazer.

Em sua crítica aos apoiadores da revolução, repudia veementemente a Igreja Católica, principalmente a figura de João Becker, Arcebispo de Porto Alegre, e comenta a reprodução de uma carta do religioso aos seus superiores "no estrangeiro". Diz a carta:

> "A revolução no Estado do Rio Grande do Sul tem caráter puramente político, e está completamente alheia ao comunismo (...) o sentimento religioso anima e fortalece os nossos soldados. O Governo nomeia capelães militares de pleno acordo comigo. (...) São infames calunias as crueldades atribuídas às nossas autoridades, que desempenham suas altas funções com justiça e critério (...) A vitória das tropas coligadas fará surgir uma nova era de prosperidade para a Nação"[71]

Sua última teoria, de caráter acusatório, trata do papel do Banco do Brasil. Para o general, os dois adversários da revolução no Estado – e talvez da República – eram Exército e Banco do Brasil. Tanto que ambos foram tomados no mesmo dia, simultaneamente. Segundo o jornal Correio do Povo, em Cachoeira o valor disponível no Banco do Brasil fora "arrecadado" e

---

[71] ALMEIDA, op. cit. p.304 e 305.

depositado no Banco da Província, em seguida. Em Bagé, foi arrecadado e entregue ao Intendente Municipal o dinheiro[72]. Onde não havia agência, os revolucionários tomavam a coletoria federal.[73] Também na capital os cofres do banco sofreram assalto: rs. 9.263:594$000 (nove mil, duzentos e sessenta e três contos, quinhentos e noventa e quatro mil réis) foram entregues aos revolucionários, totalizando cerca de 20 mil contos arrecadados nas 7 agências do Estado[27]. Questiona: *"em que obra pública foi empregado esse dinheiro? Não indaguemos."[74]*

Seu livro, publicado apenas 13 anos após o início da revolução, e em plena vigência do Estado Novo, constitui interessante e rara obra de oposição à revolução de 1930. Como documento, traz uma versão pouco estudada na historiografia tradicional que trata do período varguista. Apesar de seu esforço de tentar contextualizar (num espaço considerável dentro de sua obra) sua época, os antecedentes, o livro mais parece tentar desmistificar a sua incapacidade e incompetência

---

[72] CORREIO DO POVO, edição do dia 5 de outubro de 1930 *in* ALMEIDA, op. cit. p. 310 e 311.

[73] ALMEIDA, op. cit. p. 311 27

Idem, p. 315 e 316.

[74] *Idem*, p. 316.

em barrar a revolução no momento em que se acontecia no Rio Grande do Sul. Se ele estava realmente míope – à situação - ou não, tragicômica foi sua ida ao médico oftalmologista justamente na data da eclosão do movimento. Simbólico, metafórico, jocoso, talvez. De qualquer modo, o general míope perdeu a briga, mas contou a sua história.

BIBLIOGRAFIA

ALMEIDA, Gil. **Homens e Fatos de uma Revolução.** Rio de Janeiro: Calvino Filho Editor, 1943.

BURKE, Peter. **O que é História Cultural?** Rio de Janeiro: Jorge Zahar Editor, 2005.

CERTEAU, Michel de. **A Invenção do Cotidiano**. Petrópolis: Editora Vozes, 2007.

Dicionário Histórico-Biográfico Brasileiro da Fundação Getúlio Vargas. **Revolução de 1930.** Sítio da Internet. Disponível em <http://www.cpdoc.

fgv.br/dhbb/verbetes_htm/5458_6.asp> e acessado em 16/05/2008.

LE GOFF, Jacques. **História e Memória.** Campinas:
Editora Unicamp, 2005.
LOVE, Joseph. **O Regionalismo Gaúcho e as Origens da Revolução de 1930.** São Paulo: Editora Perspectiva, 1975.

POLLAK, Michael. **Estudos Históricos.** Rio de Janeiro: vol. 5, n. 10, 1992.

A MÍDIA E A CONTINUIDADE DO DISCURSO HISTORIOGRÁFICO OFICIAL SUL-RIO-GRANDENSE NA VIRADA DO MILÊNIO

A partir da década de 1930 o discurso historiográfico oficial intentaria solidificar a imagem de um Rio Grande do Sul unido e patriótico, irmanado ao conjunto da federação, e não um elemento dissonante ou separatista. Para isso foi construída uma rede discursiva com bases históricas cujo objetivo era produzir narrativas que corroborassem com a pretendida feita. Neste contexto, a Revolução Farroupilha seria elevada a posição de evento máximo da história sul-rio-grandense, posição esta que seria reproduzida em grande parte pelos Meios de Comunicação de Massa do estado em fins do século XX e princípios do XXI, com a colaboração estreita (em muitos pontos divergentes, mas em outros tantos convergentes) de outro elemento que tomara corpo e relevância neste mesmo período: o Movimento Tradicionalista Gaúcho.

O processo de heroicização da Revolução Farroupilha, iniciado pela historiografia sulrio-grandense no período castilhista-borgista e efetivado a partir da ascensão gaúcha ao governo central do país, estava em total concordância com a política empreendida por Vargas e seu grupo enquanto detentores do poder. Fazia parte da construção discursiva sobre a guerra o caráter não-separatista, o exemplo de brasilidade e o ideário farroupilha, tendo sido estes fatores explorados de tal forma pela historiografia de então que difundiu-se com eficácia no imaginário social durante e após a formulação daqueles preceitos. Suas consequências ainda hoje encontram eco, principalmente na grande imprensa, nos meios publicitários e tradicionalistas do Rio Grande do Sul.

O Movimento Tradicionalista Gaúcho constituiu-se em 1966, expressando em seus objetivos a recriação da tradição, como pode ser observado na própria autodescrição, como sendo um órgão "catalisador, disciplinador, orientador das atividades dos seus filiados, especialmente no que diz respeito ao preconizado em sua Carta de Princípios" que se dedica "à preservação, resgate e desenvolvimento da cultura gaúcha, por entender que o tradicionalismo é um organismo social de natureza nativista, cívica, cultural, literária, artística e folclórica (...)"[75]. O tradicionalismo vai de encontro ao que preconizava a historiografia oficial que negava o

---

[75] Extraído da página do MTG na Internet, disponível no endereço <http://www.mtg.org.br/oquee.html> e acessado em 08 de julho de 2010.

regionalismo: ao contrário, este é destacado e afirmado enquanto marca indelével do *ser* gaúcho. Mas as tradições evocadas são em grande parte construídas em cima dos preceitos historiográficos do discurso oficial, mormente o que diz respeito ao enaltecimento da Revolução Farroupilha e ao heroísmo de seus participantes, a defesa das tradições e costumes, a batalha contra a opressão e a tirania, enfim, atos louváveis e dignos de se eternizarem na memória coletiva a partir de evocações e celebrações de caráter tradicionalista. Trata-se daquilo que Hobsbawm define como "Tradição Inventada", ou seja, que serve como propósito para aumentar a identificação do povo, etnia ou mesmo grupo social, e também como forma de estabelecer a legitimidade de certas práticas, baseadas nos rituais estabelecidos por estas tradições fabricadas. Invariavelmente, elas se valem de justificativa históricas, buscando num passado (pesquisado ou idealizado) as origens que justifiquem sua aplicação e seu porquê, "cujo propósito principal é a socialização, a inculcação de idéias, sistemas de valores e padrões de comportamento".[76]

---

[76] HOBSBAWM, Eric J. & RANGER, Terence (orgs). *A invenção das tradições*. 3ª ed. Rio de Janeiro: Paz e Terra, 1997, p. 9.

De grande penetração e apelo popular, o Movimento Tradicionalista acabaria objeto de exploração dos veículos de comunicação como o jornal e a televisão, cujo exemplo maior é o grupo Rede Brasil Sul, conglomerado midiático que atua nos segmentos radiofônico, jornalístico, televisivo, fonográfico e, a partir de fins do século passado, em mídias digitais e que espraiava-se como maior grupo do gênero do sul do país, penetrando, através de seus veículos, nos mais variados pontos do estado. O diálogo com o tradicionalismo, deste modo, se fazia por questão ideológica, mas sobretudo por necessidades comerciais, haja visto que o público ligado ao tradicionalismo não só estava estabelecido, como em crescente disseminação. Juntos, somaram forças na criação e divulgação deste "orgulho gaúcho" que era proferido por ambas as vertentes que se beneficiavam da reprodução daquele discurso transformado da historiografia oficial. Não era interessante o debate sobre as questões polêmicas, a desmistificação da figura lendária e heróica do gaúcho, muito pelo contrário, era desejado que se afirmasse o orgulho local, destacasse o regionalismo, e em sua esteira tudo o que advinha de benefícios, sejam eles culturais ou mesmo econômicos.

O Tradicionalismo reforçava seus ideais do gaúcho típico, consolidava a fundação de um herói do qual se orgulhava e necessitava manter acesa a chama do ideário intacta. Os veículos de comunicação, por sua vez, associavam-se sua imagem ao "orgulho de ser gaúcho" não só pelos benefícios que agregaria esta identificação com sua marca, mas por igualmente serem eles os veículos de divulgação de todo o universo de anunciantes que, a partir de então, explorariam o mesmo filão de enaltecimento sul-rio-grandense. Desta forma, tanto empresas genuinamente locais como até mesmo as grandes multinacionais aqui instaladas, todas elas nas épocas das efemérides farroupilhas apresentavam peças publicitárias que evocavam o *ser* gaúcho, o espírito farroupilha, a ligação com a terra sul-rio-grandense, cada qual ao seu modo, mas em comum a ligação de suas marcas ao sentimento identitário da população, herdeiros dos heróicos antepassados.

Desta forma, todo o revisionismo por que passou a historiografia, sobretudo nas décadas de 1970 em diante, principalmente na Academia, passou ao largo da grande mídia. Se espaços foram dados para vozes dissonantes, o a opinião expressa nos editoriais não deixava dúvidas de que o movimento farroupilha era heróico e não era separatista, para orgulho dos gaúchos – e patrocinadores.

BIBLIOGRAFIA

ALVES, Francisco das Neves. Recorrência do discurso historiográfico gaúcho e a amálgama com o tradicionalismo em editoriais jornalísticos contemporâneos: estudo de caso junto à imprensa riograndense-do-sul. In **Scientia Historica** APGH/ RG. Rio Grande: v.4. p. 9-35, 2009

PÁGINA DO MOVIMENTO TRADICIONALISTA GAÚCHO (MTG) na Internet, disponível no endereço <http://www.mtg.org.br/oquee.html> e acessado em 08 de julho de 2010.

HOBSBAWM, Eric J. & RANGER, Terence (orgs). *A* **invenção das tradições.** 3ª ed. Rio de Janeiro: Paz e Terra, 1997.

ASPECTOS DA RELIGIOSIDADE SUL-RIO-GRANDENSE: O CASO DA COLEÇÃO ARTE SACRA DO MUSEU DA CIDADE DO RIO GRANDE

> O Brasil nasceu à sombra da cruz. Não apenas da que foi plantada na praia do litoral baiano, para atestar o domínio português, ou da que lhe deu nome – Terra de Santa Cruz –, mas da que unia Igreja e Império, religião e poder. Mais. Essa era uma época que viver fora do seio de uma religião parecia impensável. A religião era uma forma de identidade, de inserção num grupo social (...) ou no mundo.
> DEL PRIORE, Mary; VENÂNCIO, Renato Pinto. *O livro de ouro da História do Brasil.* Rio de Janeiro: Ediouro, 2003, p. 37.

A presença religiosa fez parte integrante do processo colonizador luso que aqui implantou e disseminou o catolicismo romano, constituindose como base da religiosidade no período colonial e mesmo no imperial, ainda que houvesse outros cultos e forte presença sincrética[77]. Os preceitos

---

[77] Como bem destacam DEL PRIORE e VENÂNCIO, op. cit. pp.44-49 e FRANKLIN, Ruben Maciel. Escravos, desclassificados e religiosidade no Brasil colonial. In *Amerindia*, Fortaleza: Universidade Federal do

católicos, suas festas e sua ética deram o ritmo e o tom da vida cotidiana no Brasil colonial e imperial. Como exemplo, não havia engenho sem capela própria e capelão particular[78].

O Rio Grande do Sul, assim como o resto do espaço brasileiro em seu processo de formação, esteve intimamente ligado ao fator religioso, tendo este forte presença no âmbito social e cultural de seu povo. A cidade do Rio Grande, início da ocupação oficial do Rio Grande do Sul, também teve em sua gênese associada à presença religiosa, a qual se utilizava, nos ritos, de indumentária, aparatos, objetos de devoção e imagens característicos, ao mesmo tempo representando e significando o catolicismo praticado. Esta representação figurada e identificável das práticas religiosas inscreve-se no âmbito da iconografia do período. No caso específico da iconografia cristã católica aplica-se aqui o conceito de que

> uma imagem religiosa não é somente uma criação plástica tridimensional, uma escultura. Sua função primordial é fazer a mediação sensível entre Deus e o homem, entre o sobrenatural e o natural, e seus

[78] PEREZ, Léa Freitas. Breves notas e reflexões sobre a religiosidade brasileira. In *Brasil 500 anos*. Belo Horizonte: Imprensa Oficial dos Poderes do Estado, pp. 40-58.

códigos e conceitos básicos de figuração, estabelecidos pela Igreja, não são aleatórios, mas seguem uma lógica determinada pela ideologia da fé católica romana. A decodificação desta simbologia e a interpretação do seu sentido ou significado (iconografia cristã) leva à identificação dos diferentes santos. A expressão, a mímica, a indumentária e o atributo constituem-se em fontes de informação para o conhecimento das imagens religiosas[3].

Presente nas igrejas e nas casas particulares, o material iconográfico permeava a vivência religiosa nas terras do sul do Brasil. Tais objetos, ou uma parte do que restou deles, foram conservados e, hoje, constituem o acervo da Coleção de Arte Sacra do Museu da Cidade do Rio Grande. Tal acervo conserva vestígios da presença religiosa através de sua coleção de paramentos, alfaias religiosas, objetos de culto, móveis de devoção e

---

3 MUSEU de Arte Sacra do Carmo. Catálogo. Ouro Preto (MG): Fundação Roberto Marinho, 1987. Não pag. apud CÂNDIDO, Manuelina Maria Duarte. Estudo de caso: a coleção imaginária do Museu Diocesano Dom José. In *Cadernos de Sociomuseologia* - Universidade Lusófona - n° 12 (1988) p. 55, disponível no endereço http://revistas.ulusofona.pt/index.php/cadernosociomuseologia/article / view/319 e acessado em 7 de maio de 2010.

esculturas, vestígios do passado de um povo marcado pela devoção católica.

OS MUSEUS

Museus desempenham um papel importante no que concerne quer à criação de consciências pessoais, quer no que diz respeito à construção e representação de identidades locais, regionais ou nacionais[79][80][81]. Apcsar de dever seu nome aos antigos templos das musas[82], os museus contemporâneos estão ligados ao progresso da memória escrita e figurada da Renascença e à lógica de uma "civilização da inscrição"[83], segundo Lilia Schwarcz. Os séculos XVIII e XIX foram o início do processo que a autora chama de "a era dos museus" na Europa, com reflexos na

---

[79] NICO, Marta. A pós-modernização da cultura: património e museus na contemporaneidade. *Horizonte Antropológico*. Porto Alegre: v. 11, n.
[80] , junho de 2005. Disponível em http://www.scielo.br/scielo.php?script=sci_arttext&pid=S0104-
[81] &lng=en&nrm=iso e acessado em 7 de maio de 2010.

[82] SCHWARCZ, Lilia Moritz. *O espetáculo das raças* – cientistas, instituições e questão racial no Brasil (1870-1930). São Paulo: Companhia das Letras, 2007, p. 67.

[83] LE GOFF, Jacques. Memória e História. *Enciclopédia Enaudi*. Porto: Imprensa Nacional, 1984 pp. 37-39 apud SCHWARCZ, op. cit. p. 68.

criação de museus no Brasil, já no século XIX, constituídos como verdadeiras cópias do modelo europeu[84].

Os museus são uma instituição permanente, sem fins lucrativos, a serviço da sociedade e de seu desenvolvimento, aberta ao público, e que adquire, conserva, investiga, difunde e expõe os testemunhos materiais do homem e de seu entorno, para educação e deleite da sociedade[8586]. Para além do conceito polissêmico, um museu é o lugar em que um povo tem contato com as mais variadas formas da cultura humana. Há, em razão disso, a dificuldade de estabelecer-se um conceito fixo, pois assim como a sociedade que os cria, o próprio museu transforma-se com o passar do tempo, adquirindo ou perdendo características e finalidades. Hoje, os museus dedicam-se a temas específicos, inscrevendo-se em uma ou mais das seguintes categorias: belas-artes, artes aplicadas, arqueologia, antropologia, etnologia, história, história cultural, ciência, tecnologia, história

[84] SCHWARCZ, op. cit. p. 69.

[85] COMITÊ INTERNACIONAL DE MUSEUS. Definição de Museus.
[86] ª Assembléia
Geral. Barcelona, Espanha, 6 de julho de 2001 disponível em http://www1.museus.gov.br/ibram/pag/oquemuseu.asp e acessado em 7 de maio de 2010.

natural. Dentro destas categorias alguns especializam-se mais, como por exemplo: arte moderna, ecomuseus, industriais, de história local, da história da aviação, da agricultura ou da geologia[87].

O MUSEU SACRO

Rio Grande, em função de sua história como mais antiga cidade do Rio Grande do Sul, entre outros fatores, destaca-se pela quantidade de museus estabelecidos. Em meio ao universo de museus do município, encontra-se o Museu Sacro[88], fundado com o propósito de salvaguardar o patrimônio religioso das igrejas ligadas à Diocese do município.

O Museu Sacro foi criado e é mantido pela Fundação Cidade do Rio Grande desde a sua inauguração, em 29 de junho de 1986, com apoio

---

[87] Wikipedia Foundation, verbete: Museu. Disponível em http://pt.wikipedia.org/wiki/Museu e acessado em 4 de maio de 2010.

[88] A confusão entre chamar a coleção de Museu deve-se principalmente ao fato dela ser abrigada em local à parte do Museu da Cidade, em prédio específico e exclusivo para o acervo em questão. Para fins de padronização, e apesar de sabermos tratar-se de Coleção integrante, não propriamente um museu independente, no presente trabalho seguiremos tratando a coleção pela designação popularmente disseminada, a de Museu Sacro.

da Mitra Diocesana e da Ordem Terceira de São Francisco. Inicialmente, ocupava o Consistório da Capela São Francisco de Assis na rua Marechal Floriano, cedida por Dom Frederico Didonet, primeiro bispo diocesano do Rio Grande. A Mitra Diocesana do município doou a maior parte de seu acervo, formado em seu princípio por cerca de 200 peças. Restaurado o prédio, em 29 de junho de 1986, dia de São Pedro (padroeiro da cidade do Rio Grande), acontecia enfim a inauguração da Coleção Arte Sacra do Museu da Cidade do Rio Grande.

Hoje, sua coleção conta com aproximadamente duas mil peças relacionadas à arte sacra. Em seu acervo destaca-se a imagem de São Francisco de Assis, datada do século XVIII, feito em madeira policromada e com estilo barroco legítimo e recentemente restaurada. Compõem sua coleção vários livros de registro da Colônia de Sacramento (antiga possessão portuguesa em pleno estuário do Rio da Prata, fundada em 1680); além de ostensórios, resplendores e cálices de ouro, prata e pedras preciosas; crucifixos de Jacarandá; móveis de devoção remanescentes dos séculos passados; livros sagrados, como bíblias, livros de oração e missais, além de pinturas a óleo com motivos sacros.

Após um período de restauração, a Coleção Arte Sacra reabriu suas portas no ano de 2000, oferecendo uma museografia adaptada as suas dependências durante o processo de restauro e reforma. Além do Consistório, o Museu passa a abranger, após este período, a parte superior do prédio, de forma a proporcionar uma maior visibilidade do acervo e de sua arquitetura interna. Desenvolve exposições de caráter permanente e também temporárias, assim como a pesquisa. Seu público é formado pela comunidade local em geral e turistas em visita à cidade, que pagam a simbólica taxa de R$ 1 para visitar suas dependências, além de grupos de escolas da região.

A capela São Francisco de Assis teve sua construção iniciada pelo Brigadeiro Rafael Pinto Bandeira, em 1792. Não podendo concluir a obra, o terreno e as benfeitorias foram doados para a Ordem Terceira de São Francisco de Assis, que concluiu as obras no ano de 1814. O prédio, tombado pelo Instituto do Patrimônio Histórico e Artístico Nacional – IPHAN – é feito em estilo barroco tardio, formando um só bloco de edificação em conjunto com a primitiva matriz de São Pedro, hoje catedral. Possui três entradas, portadas com ombreiras e vergas em pedra. Possui ainda um campanário e uma torre, nas laterais e frontão retilíneo com cruz e beiral nas laterais[89].

Segundo o material de divulgação do Museu Sacro, enquanto a vizinha Catedral de São Pedro recebia a elite branca, a Capela de São Francisco de Assis realizava missas para os negros a fim de convertê-los à religião católica, já que entre os escravos predominavam os cultos africanos. Conforme o folheto, ainda assim os negros levavam pequenas imagens alusivas aos deuses de sua devoção em seus bolsos, em algo que chamaríamos de "resistência cultural" frente à dominação branca. Acredita-se que os homens brancos que frequentavam a capela o faziam no intuito de assegurarem-se de que os negros interagiam no culto católico.

Com o passar dos anos, o templo católico foi perdendo sua utilidade litúrgica, a ponto de, anos mais tarde, e já sem funções religiosas, o prédio abrigaria por alguns anos a redação do jornal católico "Cruzeiro do Sul".

---

[89] Conforme descrição do Inventário histórico da cidade do Rio Grande. Disponível em https://www.riogrande.rs.gov.br/internet/iphan. php e acessado em 04 de maio de 2010.

A PORTA LACRADA

Apesar de não fazer parte oficialmente de nenhuma coleção do acervo do Museu, a famosa porta atrai a curiosidade de muitos visitantes que vão até o museu especialmente para vê-la.

O evento que deu origem à sua fama está ligado à própria história do Rio Grande do Sul. Em meio à turbulência do período regencial, enquanto liberais chocavam-se contra conservadores pela supremacia política do país, a então província encontrava-se em cenário ainda mais conturbado, nas iminências da Revolução Farroupilha. Neste período agitado, ocorreu o assassinato do o padre católico Bernardo José Viegas, que também era deputado, maçom e defensor de princípios liberais. Segundo Luiz Henrique Torres,

> Seu assassinato ocorreu no dia 3 de outubro de 1833, quando recebeu um tiro estando na soleira da porta central da capela de São Francisco. O assassino nunca foi preso, ficando o crime sem punição. Nos dias seguintes ao crime, circulou na Vila do Rio Grande uma lista com mais 19 pessoas que seriam executadas[90].

---

[90] TORRES, Luiz Henrique. A porta lacrada para sempre, ou: quem matou o padre Bernardo Viegas? *Biblos*, Rio Grande, 22 (1): 119-129, 2008.

O caso resultou em grande comoção na época, a ponto de o jornal "O Noticiador" registrar em suas páginas a seguinte nota:

> [se este homicídio] ficar impune e se a justiça, como rigorosamente lhe cumpre, não descobrir o vil monstro e seus infames sectários, então será melhor irmos encerrar-nos nas mais obscuras cavernas e fazer companhia às mais embravecidas e sanguinosas feras[91].

Como reação, Dom José Caetano da Silva Coutinho, bispo do Rio de Janeiro e Conde de Irajá, ordenou que a porta fosse fechada e lacrada para sempre[92]. Ainda de acordo com Torres, a oralidade da época apresentou diferentes versões sobre o episódio, porém, ao longo de quase dois séculos, o esquecimento preencheu os espaços, ficando a porta esquecida até a sua redescoberta quando da restauração da capela em 1999, permanecendo ela fechada e lacrada[93].

---

[91] TORRES, op. cit. p. 119

[92] Ainda hoje na parte interna do Museu Sacro, ao lado da referida porta, encontra-se uma placa onde se lê "Na noite de 03 de outubro de 1833, durante a solenidade da Festa de São Francisco de Assis, ocorreu o assassinato do padre Bernardo José Viegas na frente desta porta. Por este motivo, a mesma foi fechada e lacrada para sempre, por ordem do Bispo do Rio de Janeiro, Dom José Caetano da Silva Coutinho, Conde de Irajá."

CONSIDERAÇÕES FINAIS

Após analisar o fator religioso, sobretudo o catolicismo romano, no momento histórico em que o Rio Grande do Sul foi fundado e de como esse fator esteve intimamente relacionado com a vida dos habitantes do espaço sulino, justifica-se o apelo da criação do Museu Sacro como representante de uma cultura latente e significativa de um povo.

Porém, com a missão de "guardar, conservar e expor o acervo referente às práticas religiosas no município durante os séculos XVIII, XIX e início do século XX"[94], o Museu Sacro oferece apenas parte do que se propõe, uma vez que não encontramos em seu acervo outras representações de práticas religiosas que não as ligadas ao catolicismo romano. Outra conclusão digna de registro é o fato de um dos maiores atrativos e objeto de curiosidade da população local é justamente um elemento que *a priori* não pertence ao acervo do museu: a porta lacrada.

De qualquer modo, a iniciativa de salvaguardar um patrimônio representativo de

[93] TORRES, op. cit. pp. 119-120

[94] CADASTRO NACIONAL DE MUSEUS, disponível em http://museus.ibram.gov.br/sbm/cnm_conhecaosmuseus.htm e acessado em 7 de maio de 2010.

uma sociedade marcada pela experiência religiosa como foi a rio-grandina dos séculos supracitados, em suas múltiplas manifestações, além dos registros existentes da Colônia do Sacramento, merecem o reconhecimento e apoio não só dos poderes constituídos, mas de toda a população que deu origem e se beneficia deste patrimônio comum.

BIBLIOGRAFIA

LE GOFF, Jacques. Memória e História. **Enciclopédia Enaudi.** Porto: Imprensa Nacional, 1984 pp. 37-39

CÂNDIDO, Manuelina Maria Duarte. Estudo de caso: a coleção imaginária do Museu Diocesano Dom José. In **Cadernos de Sociomuseologia** - Universidade Lusófona - nº 12 (1988) p. 55, disponível no endereço http://revistas.ulusofona.pt/index. php/cadernosociomuseologia/article/view/319 e acessado em 7 de maio de 2010.

COMITÊ INTERNACIONAL DE MUSEUS. Definição de Museus. 20ª Assembléia Geral. Barcelona, Espanha, 6 de julho de 2001 disponível em http://www1.museus.gov.br/ibram/pag/oquemuseu .asp e acessado em 7 de maio de 2010. Wikipedia Foundation, verbete: Museu. Disponível em http://pt.wikipedia.org/wiki/Museu e acessado em 4 de maio de 2010.

NICO, Marta. A pós-modernização da cultura: património e museus na contemporaneidade. **Horizonte Antropológico.** Porto Alegre: v. 11, n. 23, junho de 2005. Disponível em http://www.scielo.br/scielo.php?script=sci_ arttext&pid=S0104- 71832005000100005&lng=en&nrm=iso   e acessado em 7 de maio de 2010.

SCHWARCZ, Lilia Moritz. **O espetáculo das raças** – cientistas, instituições e questão racial no Brasil (1870-1930). São Paulo: Companhia das Letras, 2007, p. 67.

TORRES, Luiz Henrique. A porta lacrada para sempre, ou: quem matou o padre Bernardo Viegas? **Biblos,** Rio Grande, 22 (1): 119-129, 2008.

www.ingramcontent.com/pod-product-compliance
Lightning Source LLC
Chambersburg PA
CBHW051637050426
42443CB00025B/426